I0013745

Test de performance du multithreading en programmation Java

Khalid Ezzayer
Nicolas Janey

Test de performance du multithreading en programmation Java

Application au traitement d'images

Éditions universitaires européennes

Mentions légales / Imprint (applicable pour l'Allemagne seulement / only for Germany)
Information bibliographique publiée par la Deutsche Nationalbibliothek: La Deutsche Nationalbibliothek inscrit cette publication à la Deutsche Nationalbibliografie; des données bibliographiques détaillées sont disponibles sur internet à l'adresse http://dnb.d-nb.de.
Toutes marques et noms de produits mentionnés dans ce livre demeurent sous la protection des marques, des marques déposées et des brevets, et sont des marques ou des marques déposées de leurs détenteurs respectifs. L'utilisation des marques, noms de produits, noms communs, noms commerciaux, descriptions de produits, etc, même sans qu'ils soient mentionnés de façon particulière dans ce livre ne signifie en aucune façon que ces noms peuvent être utilisés sans restriction à l'égard de la législation pour la protection des marques et des marques déposées et pourraient donc être utilisés par quiconque.

Photo de la couverture: www.ingimage.com

Editeur: Éditions universitaires européennes est une marque déposée de
Südwestdeutscher Verlag für Hochschulschriften GmbH & Co. KG
Heinrich-Böcking-Str. 6-8, 66121 Sarrebruck, Allemagne
Téléphone +49 681 37 20 271-1, Fax +49 681 37 20 271-0
Email: info@editions-ue.com

Produit en Allemagne:
Schaltungsdienst Lange o.H.G., Berlin
Books on Demand GmbH, Norderstedt
Reha GmbH, Saarbrücken
Amazon Distribution GmbH, Leipzig
ISBN: 978-3-8381-8029-8

Imprint (only for USA, GB)
Bibliographic information published by the Deutsche Nationalbibliothek: The Deutsche Nationalbibliothek lists this publication in the Deutsche Nationalbibliografie; detailed bibliographic data are available in the Internet at http://dnb.d-nb.de.
Any brand names and product names mentioned in this book are subject to trademark, brand or patent protection and are trademarks or registered trademarks of their respective holders. The use of brand names, product names, common names, trade names, product descriptions etc. even without a particular marking in this works is in no way to be construed to mean that such names may be regarded as unrestricted in respect of trademark and brand protection legislation and could thus be used by anyone.

Cover image: www.ingimage.com

Publisher: Éditions universitaires européennes is an imprint of the publishing house
Südwestdeutscher Verlag für Hochschulschriften GmbH & Co. KG
Heinrich-Böcking-Str. 6-8, 66121 Saarbrücken, Germany
Phone +49 681 3720-310, Fax +49 681 3720-3109
Email: info@editions-ue.com

Printed in the U.S.A.
Printed in the U.K. by (see last page)
ISBN: 978-3-8381-8029-8

L I F C
Laboratoire d'Informatique de l'Université de Franche-Comté

Développement d'un programme de test de performance
du multithreading en programmation Java

Application au traitement d'images

Mémoire de Master 2ème année Recherche

Réalisé par :
Khalid EZZAYER

Encadré par:
M. Nicolas Janey

Jury:
M. Jean-Christophe
Lapayre
M. Nabil ELMARZOUQI

2006-2007

SOMMAIRE

CHAPITRE 1

LE SUJET ET SON CONTEXTE

1.1 Lieu du stage

Le Laboratoire d'Informatique de l'Université de Franche-Comté (LIFC) est implanté sur trois sites géographique: à l'UFR Sciences et Techniques à Besançon, à l'IUT de Belfort-Montbéliard et à l'UFR Sciences et Techniques de Gestion Industrielle sur le pôle universitaire de Montbéliard.

Le laboratoire est reconnu C.N.R.S. (FRE 2661) depuis 2003. Depuis sa création, le laboratoire d'informatique n'a pas cessé de s'agrandir et de se développer (budget 2003 = 6 fois le budget 1998). Il compte actuellement environ 40 permanents (professeurs ou maîtres de conférences), 30 doctorants et 10 ingénieurs sous contrat.

L'équipe SDR

L'équipe systèmes distribués et réseau (SDR) travaille sur les environnements pour les grilles de calcul, les techniques réseau permettant l'adaptabilité et la mobilité et les algorithmes pour le travail coopératif.

Dans ce cadre le l'équipe SDR a travaillé ou travaille sur plusieurs projets nationaux et européens relatifs au travail collaboratif, tels que :
- le projet européen ITEA et le projet PROTEUS (réalisation d'une plateforme générique pour la télé-maintenance coopérative),
- le projet RNRT TEMIC (développement d'une solution matérielle et logicielle permettant la télé-maintenance coopérative),
- le projet INTERREG III TéNeCi (conception et développement d'une solution d'expertise et d'aide à la décision en environnement coopératif dans le domaine de la neurologie),
- le projet INTERREG III DECOPREME (DÉpistage COllaboratif PRÉcoce des MÉlanomes) (conception et développement d'une solution d'expertise et d'aide à la décision en environnement coopératif dans le domaine du diagnostique de certains cancers de la peau).
- ...

Les projets TéNeCi et DECOPREME font appel au domaine particulier de la manipulation et du traitement d'images médicales.

1.2 Contexte du stage et présentation du sujet

Le travail présenté dans ce rapport trouve son origine dans la constatation que les opérations de traitement d'images sont fréquemment gourmandes en temps de calcul (plusieurs secondes voire plusieurs minutes pour un seul traitement sur une seule image). Dans ce cadre, l'utilisation d'ordinateurs multiprocesseurs laisse espérer une diminution des temps d'exécution.

L'architecture ciblée est celle des ordinateurs compatibles PC modernes qui présentent l'avantage d'être très disponibles et assez peu onéreux. Deux types de plateforme multiprocesseurs existent en la matière:
- les serveurs multiprocesseurs (de 2 à plusieurs dizaines de processeurs),
- les stations de travail ou serveurs à 'processeur' unique mais multi cœurs (2, 4...).

Dans les deux cas, les machines sont architecturées en SMP (Symétrical Multi Processors) avec 2^n processeurs accédant de manière concurrente à une seule zone de mémoire partagée. L'architecture qui nous intéresse au premier ordre est celle où les processeurs multicœurs sont utilisés car ceux-ci tendent à se généraliser sur les machines vendues actuellement.

Les systèmes d'exploitation cibles sont les systèmes Microsoft Windows XP, Vista et 2003 Server ainsi que le système Linux.

Le langage de développement est le langage java dans ses différentes versions. Le but est d'assurer tant la compatibilité avec les outils développés antérieurement au sein de l'équipe, que la portabilité du code développé vers les systèmes d'exploitation cible par simple déplacement des fichiers «.class» compilés ou execution du fichier « .jar » généré.

Le champ des développements décrits dans ce document se restreint à la programmation multithreadée pour en examiner l'intérêt en tant que technique de parallélisation pour la diminution du temps de calcul. Dans un premier temps on conservera une problématique d'ordre général. Dans un second temps on s'intéressera à une application à quelques de méthodes du traitement d'images.

Le travail initialement envisagé peut être divisé en deux parties:

(1) Ecriture d'un programme de test de performance du multithreading en java:
- Test des performances pour des calculs réalisés sur des données entières,
- Test des performances pour des calculs réalisés sur des données réelles,

- Test des performances pour des manipulations lourdes en accès mémoire.

(2) Utilisation de ce programme dans le cadre particulier du traitement d'images de manière à évaluer l'intérêt de l'utilisation du multithreading dans différents contextes:
- Différentes opérations de traitement d'image,
- Images de résolutions plus ou moins importantes,
- Traitement en parallèle de plusieurs images sur une même plateforme,
- Traitement parallélisé d'une seule image sur une même plateforme,
- Combinaison de ces deux dernières techniques,
- ...

1.3 Étude bibliographique

Beaucoup de travaux ont été réalisés pour améliorer la conception des processeurs, [Pick2005] et améliorer les performances de la plateforme Java Virtual Machine [Lawr2005] [MacD2003] dans le but d'atteindre un parallélisme efficace en utilisant le multithreading en Java.

1.3.1 Processeur

Les processeurs CMT (Chip Multi-Threading) [Pick2005] de Sun ont la possibilité d'exécuter plusieurs threads simultanément car ils sont dotés de plusieurs unités de calcul. Ils sont plus particulièrement dédiés aux machines subissant d'importantes charges de travail telles que les serveurs. Par ailleurs, les machines de ce type gèrent généralement des niveaux très élevés de parallélisme en multithreading. Récemment, le mode de conception CMT s'est vu généralisé vers les processeurs d'usage universel. Bien qu'il y ait eu beaucoup de recherches sur l'utilisation d'une architecture composée de plusieurs machines pour accélérer les applications mono-thread et multi-thread par l'intermédiaire du parallélisme spéculatif [Lawr2005], les processeurs CMT restent un atout pour atteindre un bon niveau de parallélisme dans les applications multithreadées.

1.3.1.1 Première génération de CMT

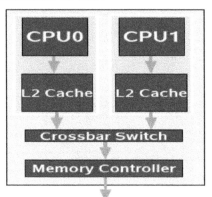

Figure 1.1: Première génération de CMT

Les processeurs ne partagent pas les ressources à l'exception de la voie d'accès aux données (Figure 1.1), [Pick2005].

1.3.1.2 Deuxième génération de CMT

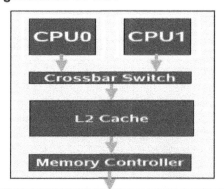

Figure 1.2: Deuxième génération de CMT

Les processeurs partagent maintenant la mémoire cache (Figure 1.2). Ceci est avantageux pour la plupart des applications commerciales car cette architecture permet d'éviter les encombrements d'instructions tout autant qu'elle permet une communication rapide entre les processeurs [Pick2005].

1.3.1.3 Troisième génération CMT

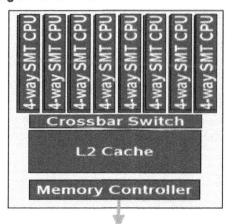

Figure 1.3: Troisième génération de CMT

L'étape suivante consiste à augmenter la puissance et la largeur de la bande passante (Figure 1.3) et à autoriser une meilleure exploitation de la puissance des processeurs, [Pick2005].

1.3.2 Machine virtuelle Java

1.3.2.1 Multithreading spéculatif

Multithreading spéculatif (SpMT) [Lawr2005] Le SpMT est une technique prometteuse d'optimisation pour réaliser une exécution plus rapide des programmes séquentiels sur machine multiprocesseur. L'analyse de l'acquisition de données de tels systèmes est cependant difficile et complexe, et typiquement limitée à un environnement spécifique de conception et de simulation de matériel. L'auteur a mis en oeuvre une architecture de multithreading spéculative flexible et basée sur le contexte d'une machine virtuelle Java, qui fournit un ensemble complet de dispositifs de soutien pour l'exécution spéculative, y compris la prévision de retour de valeur et d'analyser les effets de la rétroaction d'exécution, et déterminer l'impact de leur approche sur la machine virtuelle de Java SpMT et sur des machines de multiprocesseur, monoprocesseur et multi-cœurs, ...

1.3.2.2 Multithreading simultané

Multithreading simultané (SMT) [MacD2003] Le « SMT » est la possibilité d'exécuter des threads simultanément sur une seule unité centrale qui offre des avantages potentiels d'exécution. Cependant, la structure et le comportement des logiciels affectent le potentiel de cette architecture.
L'arrivée de processeurs supportant le 'SMT' incite à une réévaluation nécessaire des logiciels qui fonctionneront sur ces derniers. Cette évaluation est complexe, puisque le 'SMT' adopte une architecture et un coût d'exécution différent de ses deux prédécesseurs (des uni-processors et des multi-processeurs).
Les chercheurs se chargent de déterminer quelles politiques et structures de logiciel sont les plus appropriées et comment les changements de configuration matérielle peuvent affecter le SMT, en particulier, les effets du SMT sur l'attribution de mémoire et la synchronisation.

1.3.3 Caractérisation des tâches, des applications et des plateformes

1.3.3.1 Les types de tâches

On peut classer les tâches de calcul en deux grandes catégories : les tâches séquentielles et les tâches parallèles.

1.3.3.1.1 Les tâches séquentielles

Les tâches séquentielles sont des tâches qui ne s'exécutent que sur un seul processeur.
De nombreuses applications parallèles sont basées sur les tâches séquentielles. Il existe dans la littérature beaucoup d'heuristiques concernant l'ordonnancement de tâches séquentielles [CasLeg2000].
Bien que le modèle des tâches séquentielles paraisse a priori plus simple à exploiter, il n'est pas toujours bénéfique de représenter les applications parallèles en utilisant ce type de tâches [HofMul1996].

1.3.3.1.2 Les tâches parallèles

Les tâches parallèles sont des tâches pouvant s'exécuter sur un ou plusieurs processeurs. Il est possible de distinguer trois classes de tâches parallèles :
– **Les tâches rigides** ou le nombre de processeurs qui doivent exécuter la tâche parallèle est fixe a priori.
– **Les tâches modelables** pour les quelles le nombre de processeurs n'est pas fixe mais est déterminé avant l'exécution. Cependant, comme dans le cas précédent, ce nombre de processeurs ne change pas jusqu'à la fin de l'exécution.
– **Les tâches malléables** peuvent voir le nombre de processeurs qui leur est alloué changer au cours de l'exécution (par préemption des tâches ou par redistribution de données).
Historiquement, les tâches parallèles étaient traitées comme étant des tâches rigides. Théoriquement, la plupart des tâches parallèles peuvent être vues en tant que tâches malléables. En pratique, l'exploitation du caractère malléable des tâches parallèles nécessite des fonctionnalités avancées non disponibles sur les environnements d'ordonnancement. Pour cette raison, on n'utilise que la propriété de modelabilité de ces tâches.
Lorsque l'on a affaire à des tâches purement parallèles, les processeurs mis en jeu traitent en parallèle leurs données sans s'échanger de messages. Mais les tâches parallèles peuvent être plus complexes. Leur exécution peut alors nécessiter des communications entre les différents nœuds de calcul impliqués. Il devient donc indispensable de ne pas ignorer le coût de ces communications.

1.3.3.2 Les types d'applications parallèles

On peut distinguer deux principaux types d'applications parallèles : les applications constituées de tâches indépendantes et les applications parallèles contenant des tâches interdépendantes. Ces dernières sont généralement représentées par des graphes de tâches.

1.3.3.2.1 Les applications constituées de tâches indépendantes

Les tâches de ces applications s'exécutent indépendamment sans contrainte de précédence. On peut citer en exemple les applications dites multiparamétriques ou encore les applications constituées de tâches divisibles.

Les applications multiparamétriques sont un ensemble de tâches dont chaque élément s'exécuté en prenant en entrée un ensemble de paramètres qui lui sont propres. Dans [CasLeg2000] ces applications multiparamétriques sont représentées par :

– Un ensemble de fichiers distincts qui définissent les paramètres d'entrée de l'application (dans notre application les fichiers « benchmark_CPU.xml » et « benchmark_Memory.xml », voir chapitre Développement).

– Un ensemble de tâches à exécuter. Ces tâches peuvent prendre en entrée un ou plusieurs fichiers.

Bien qu'un même fichier puisse être utilisé pour l'exécution de plusieurs tâches, on note qu'il n'y a aucune dépendance (notamment temporelle) entre les différentes tâches.

– Un ensemble de fichiers qui représentent les sorties des différentes tâches, chaque tâche produisant un affichage de résultat.

Le modèle des tâches divisibles s'applique quant à lui, aux applications qui peuvent être subdivisées en un nombre quelconque de tâches indépendantes de tailles arbitraires.

1.3.3.2.2 Les graphes de tâches

Une application parallèle comportant des sous-routines interdépendantes peut être représentée par un graphe acyclique orienté G = (v, e) où v est un ensemble de V nœuds et e est un ensemble de E arêtes.

Les nœuds représentent les tâches de l'application et les arêtes définissent les relations de précédence (dépendances de flots ou de données) entre les différentes tâches. On associe aux nœuds et aux arrêtes des poids qui représentent respectivement les coûts d'exécution des tâches et les coûts de communications inter-tâches. Ces coûts sont plus précisément une estimation du temps d'exécution des tâches ou du temps de transfert de données entre deux tâches en fonction de la nature des tâches, des quantités de données à traiter et des ressources mises en jeux.

De nombreux articles dont [RadNic2001, RadGem2001] traitent de l'ordonnancement des graphes de tâches.

1.3.3.3 Les types de plates-formes et leur gestion

Les plates-formes d'exécution des applications parallèles peuvent être classées en deux grandes catégories. La première catégorie regroupe les plates-formes dites « à mémoire partagée ». L'autre catégorie est constituée de plates-formes « à mémoire distribuée » également qualifiées d'architectures multi ordinateur.

1.3.4 L'architecture multi ordinateur

La mise en œuvre de ces plates-formes par agrégation de plusieurs stations de travail représente une méthode économique permettant de disposer d'une importante capacité de calcul et de stockage. La synchronisation entre les divers processus d'une application parallèle peut se faire par des échanges de messages via le réseau qui relie les différents nœuds de calcul.

On peut distinguer plusieurs types de plates-formes multiprocesseurs en termes d'hétérogénéité des ressources. Les types de plates-formes multi-ordinateurs couramment cités dans la littérature sont:

Les grappes homogènes : Elles sont constituées de nœuds identiques reliés entre eux à travers un réseau homogène. Beaucoup de travaux ont été réalisés dans le cadre de l'ordonnancement d'applications parallèles sur les grappes homogènes de stations de travail [RadNic2001, RadGem2001].

L'avantage de ces plates-formes est qu'elles permettent d'exploiter au mieux l'exécution des tâches parallèles qui nécessitent une synchronisation entre les nœuds impliqués. L'un des inconvénients des grappes homogènes est qu'il est difficile de les étendre car les offres de matériels informatiques sont en constante évolution. De plus, ces grappes sont en générales constituées d'un nombre relativement limité de nœuds.

Les grappes hétérogènes : Elles sont également constituées de nœuds reliés au sein d'un réseau local.

Les différents nœuds et liens peuvent avoir des caractéristiques différentes. L'avantage d'utiliser les grappes hétérogènes est de pouvoir disposer facilement de ressources au sein d'un réseau local. Par contre, il est très difficile d'approcher les performances optimales pour les tâches parallèles du fait de la nécessité de synchronisation entre divers processus d'une même tâche placés sur des machines de puissances différentes.

Les grappes hétérogènes de grappes homogènes : Ces plates-formes qu'on qualifie souvent de grilles légères sont composées de plusieurs grappes distantes reliées entre elles par un réseau hétérogène. Il s'agit en général d'un réseau relativement rapide. Chaque grappe est homogène mais les caractéristiques entre deux grappes peuvent être différentes. L'avantage des grappes hétérogènes de grappes homogènes est qu'elles servent à agréger un nombre important de ressources tout en conservant un minimum d'homogénéité. On peut donc facilement adapter des travaux d'ordonnancement sur grappes homogènes a ces plates-formes extensibles qui sont de plus en plus répandues [CasDes2004].

Les grilles : Il s'agit d'une notion de plates-formes beaucoup plus hétérogènes et plus générales. La grille est constituée par l'agrégation d'unités centrales, de réseaux et de ressources de stockage distincts. Elle permet entre autre de disposer de nombreuses ressources via Internet. Aujourd'hui, quelques difficultés pratiques font qu'il n'existe quasiment pas de travaux dédiés à l'ordonnancement sur la grille. Il s'agit notamment du coût trop important des communications entre réseaux distants ou encore des problèmes de gestion et de disponibilité des ressources.

1.3.5 Les Benchmark commerciale

Spéc [SpecBen2007] est un benchmark qui fourni une mesure comparative d'exécution pour les calcule intensive à travers le plus grand choix pratique du matériel en utilisant des charges de travail développées à partir des applications utilisé. Ces benchmarks sont fournis en code source et exigent de l'utilisateur d'utiliser un interprète de commende en utilisant une console et un compilateur afin de produire des exécutables.

SciMark [SciBen2007] est un benchmark de l'Institut National du Normes et Technologie, qui est composé de cinq composants informatiques :

1. FFT - exécute une transformée de Fourier d'1D
2. SOR - résout l'équation de Laplace en 2D
3. MC - calculs pi par l'intégration de Monte Carlo
4. MM - multiplie deux matrices
5. LU - calculs la factorisation LU de N x N matrices

Ces composants représentent les types de calculs qui se produisent généralement dans des applications scientifiques et numériques. En tant que tels, SciMark est employé couramment pour mesurer le temps d'exécution d'une unité centrale.

Le CaffeineMark [CafBen2007] est un benchmark qui mesure la vitesse des programmes Java fonctionnant dans diverses configurations de matériel et de logiciel. Les points de CaffeineMark se corrèlent rudement avec le nombre d'instructions de Java exécutées par seconde, et ne dépendent pas de manière significative la de la quantité de mémoire dans le système ou de la vitesse de l'accès aux disques dure ou de la connexion d'Internet

CHAPITRE 2

TESTER LES PERFORMANCES DU MULTITHREADING EN LANGAGE JAVA

Un « thread » peut se traduire en français par un « fil ». Cependant, on préférera l'utilisation du terme anglais parce qu'elle est largement répandue et comprise.

Dans le contexte du développement d'applications, il n'est pas rare de souhaiter gérer des activités en parallèle (ou pseudo-parallèle). Cela s'oppose à la problématique de développement de "programmes linéaires", autonomes, tels que les batchs (qu'affectionnent particulièrement les développeurs sur gros système).

Bien entendu, l'implémentation du parallélisme est très souvent masquée par les infrastructures telles que les systèmes d'exploitations, ... Comme il peut s'avérer nécessaire de paralléliser soi-même certains flux d'exécution, il faudra donc développer en mode multi-tâches.

2.1 Le multithreading

2.1.1 Processus

La plupart des systèmes d'exploitation récents sont multi-tâches. On entend par là qu'ils sont capables d'exécuter plusieurs applications en parallèle, et d'allouer une portion du temps d'utilisation du processeur à chaque application de manière équitable (éventuellement pondérée par la notion de priorité). Ces applications ne s'exécutent donc pas réellement en parallèle, mais plutôt à tour de rôle, chacune étant fréquemment interrompue par l'ordonnanceur du système qui joue le rôle d'arbitre en donnant la main à toutes les applications à tour de rôle (c'est du moins le comportement des systèmes d'exploitation préemptifs, tels que Windows et les principaux Unix). On dit également que chaque application s'exécute dans son propre "processus", c'est-à-dire que le système lui réserve un certain espace mémoire, quelques registres de travail, ainsi qu'un identifiant (PID) parmi la liste des processus déclenchés en parallèle.

On peut avoir un véritable parallélisme, à condition de disposer de plusieurs processeurs que le système d'exploitation peut faire travailler en même temps, sur des applications différentes (dans des processus distincts). Bien entendu, il est également possible d'exécuter plusieurs applications en parallèle sur des machines différentes en répartissant leurs exécutions de manière manuelle (lancement des applications sur chaque machine) ou automatique (répartition dynamique de charge).

2.1.2 Thread

2.1.2.1 Définition

Dans le modèle orienté "processus", il est impossible de faire exécuter en parallèle des activités différentes au sein d'une même application. Dans un processus, chaque application s'exécute de manière linéaire (qu'elle soit développée en un langage procédural, orienté objet ou déclaratif) du début à la fin de son point d'entrée (la méthode ou fonction "main", la racine d'un document XML pour une feuille de styles XSLT, ...).

Pour qu'une application devienne elle-même multi-tâches, il faut avoir recours à un découpage des activités au sein même de l'application; c'est cette notion de "sous-activité" qu'on nommera thread (même si cette acception peut être implémentée de manière très variable en fonction des systèmes d'exploitation et des machines virtuelles).

Certains langages (Fortran, Ada, XSLT), grâce à la notion de pragma ou à un calcul des limites des effets de bords des fonctions, sont capables de procéder à un découpage automatique d'une application en plusieurs threads parallélisables. Mais, avec l'arrivée de la programmation orientée objet, le flux d'exécution des programmes s'est terriblement complexifié, rendant ce mécanisme difficilement automatisable. C'est donc au développeur (ou au framework utilisé par le développeur) de paralléliser lui-même les tâches, qu'il devra déclarer explicitement auprès de son système d'exécution (système d'exploitation ou machine virtuelle).

Chacun de ces threads possède les informations suivantes :
- un identificateur unique (Thread Id),
- l'état du registre,
- la ressource nécessaire pour supporter un flux de contrôle telle que la pile,
- une priorité et une planification,
- un emplacement spécial pour stocker des données particulières telles que les numéros d'erreur.

L'utilisation de threads peut augmenter la vitesse de réponse, la structure, l'efficacité, la lisibilité, la qualité de conception d'un programme. Ils permettent d'isoler les traitements et d'augmenter le niveau d'abstraction. De plus, sur un système multiprocesseur, chaque thread peut être exécuté sur l'un des processeurs augmentant ainsi significativement la vitesse d'exécution.

En java, la JVM permet la programmation multithread. Par exemple, les classes héritant de l'interface « Runnable » permettent de les implanter facilement dans un programme.

2.1.2.2 Cycle de vie d'un thread

Comme un programme, un thead possède un cycle de vie : une naissance, une vie, une mort. C'est le passage entre les différents états de ce cycle qui est l'objet de l'étude suivante.

Après instanciation, un thread occupe un espace mémoire, mais il n'a pas été démarré. Il n'est pas encore « vivant » et un appel de sa méthode 'isAlive()' retournera faux.
Ensuite, on appelle la méthode 'start()' du thread ce qui le fait **« naître »**. Il devient vivant et commence l'exécution de sa méthode **'run()'**. Un appel à sa méthode **'isAlive()'** retournera vrai.
Pendant qu'il est en exécution, un thread peut « laisser la main » avec un appel de la méthode 'yield()'.
Pour passer en mode « non exécutable » (non runnable), il faut que l'une des trois conditions suivantes soit réalisée:
- un appel de la méthode '**sleep(int)**',
- un appel de la méthode '**wait()**',
- un accès I/O bloqué.
Pour revenir en mode exécutable selon la raison qui l'a rendu non exécutable:
- '**sleep(int)**' : le nombre de millisecondes de sommeil est terminé (la fonction '**sleep**' est terminée).
- '**wait()**' : l'objet après qui le thread attend, effectue un appel de la méthode '**notify()**' ou '**notifyAll()**'.
- I/O bloqué : l'opération d'I/O est terminé.
Pour tuer un thread la méthode '**run**' doit terminer voir son exécution se terminer.

Le graphique suivant (Figure 2.1) représente les différentes transitions entre ces états au cours de la vie d'un thread.

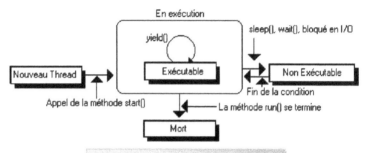

Figure 2.1: Etats d'un Thread

2.1.3 Multithread

Le multithread était à la base créé pour les systèmes informatiques basés sur plusieurs processeurs. L'idée était de donner un groupe d'informations à traiter à chaque processeur. Le système d'exploitation a donc un rôle primordial dans le multithread car c'est lui qui définit la planification des processeurs.

Le principe de l'exécution en parallèle est quelque chose de relativement nouveau et fonctionne aussi très bien sur des configurations munies seulement d'un processeur. Pour cela le système d'exploitation regroupe un certain nombre de processus qui sont les programmes en cours d'exécution regroupant eux-mêmes des threads.

L'OS accorde un certain laps de temps pour l'exécution d'un thread en fonction de ses priorités. Avec ce principe on comprend mieux ce que signifie l'exécution en parallèle bien qu'il ne s'agisse pas vraiment de parallélisme dans un système monoprocesseur.

2.1.4 Programme monothread

C'est un programme codé en séquentiel, c'est-à-dire que les instructions sont exécutées les unes après les autres. Il y a un thread pour un processus.

2.1.5 Programme multithread

C'est un programme utilisant plusieurs threads au sein d'un même processus. Ceux-ci partagent un même espace mémoire. Parfois il est nécessaire de partager des données "sensibles et précises" entre nos threads. Pour éviter les problèmes de concurrence d'accès, on a besoin de la synchronisation (voir paragraphe **2.2.7** page **22**).

2.2 Implémentation du multithreading en java

Chaque langage implémente le multithreading à sa manière. Le résultat peut donc varier d'une plate-forme à l'autre. En Java et C#, les applications elles-mêmes sont naturellement parallèles, car chaque application fonctionne au sein d'un thread implicite, où s'exécute le ramasse-miettes (garbage collector).

Java, dispose de deux techniques pour faire appel au multithreading :

Soit par dérivation de la classe java.lang.Thread,

Soit par l'implémentation de l'interface java.lang.Runnable.

Les différences entre les deux solutions sont subtiles, Par exemple, si on a choisi d'implémenter l'interface Runnable, on disposera toujours de la possibilité de dériver d'une autre classe. En revanche, comme en Java, il n'y a pas d'héritage multiple, le choix de la dérivation depuis la classe Thread rendra toute autre dérivation impossible.

2.2.1 Héritage de la classe java.lang.Thread.

La classe java.lang.Thread n'est pas abstraite mais il faut tout de même redéfinir la méthode run (qui ne fait quasiment rien par défaut). Cette méthode publique n'attend aucun paramètre et ne retourne rien. Il faut y placer le code qu'on souhaite voir s'exécuter dans un thread.

Invoquer directement la méthode run sur l'objet, est une erreur. En effet, le programme se compile et s'exécute, mais l'exécution associé à l'objet reste séquentielle. Il faut activer le nouveau thread au niveau du système. Pour ce faire, il faut invoquer la méthode start. Cette méthode est codée au niveau de la classe java.lang.Thread et n'a pas à être redéfinie. La méthode sleep de la classe Thread est utilisée dans l'exemple en 'annexe A' afin de laisser le temps de visualiser les résultats.

Avec cette technique, on dispose d'autant d'objets que de threads. Cela permet de pouvoir garantir que chaque thread possède bien sa propre identité. Pour les classes qui dérivent de java.lang.Thread, chacune d'entre elles aura sa propre méthode run, permettant ainsi au programme de faire tout ce qu'il doit.

Le problème de cette technique réside dans le fait que comme l'on dérive déjà d'une classe, il n'est plus possible de dériver d'une autre classe. Conceptuellement parlant, cela peut être gênant. Considérons un cas simple. On code un bouton qui lorsque l'on lui clique dessus se doit de lancer une tâche longue en arrière plan (dans un thread). Dans ce cas, on aurait besoin de dériver de la classe bouton et de la classe thread : ce n'est pas possible en Java (héritage simple). Pour pallier le problème, les concepteurs de la librairie Java ont pensé à une seconde technique non basée sur une relation d'héritage. Il suffit d'implémenter l'interface java.lang.Runnable.

2.2.2 Implémentation de l'interface java.lang.Runnable.

L'interface Runnable est en fait très simple dans le sens où elle ne définit qu'une unique méthode : la méthode run (équivalente à la méthode de même nom des classes Thread par dérivation). Or, pour un objet instanciant la classe implantant l'interface Runnable, on ne disposera pas de la méthode start qui aurait pu permettre le démarrage du thread.

La solution consiste à utiliser la classe java.lang.Thread. En effet, celle-ci possède un constructeur qui prend en paramètre un objet implantant Runnable. Ce constructeur permet donc d'instancier un nouvel objet Thread dédié à l'exécution de la méthode run de l'objet implantant l'interface Runnable. N'oublions pas qu'une interface peut, dans une certaine mesure, être vue comme un contrat que les deux parties acceptent et signent.

Ainsi, si on invoque la méthode start de notre objet instanciant Thread, ce sera la méthode run de notre objet implantant l'interface Runnable qui sera, au final, exécutée dans un thread.

Un exemple mettant en œuvre cette technique est disponible en annexe B.

Il est important de noter qu'avec cette variante, on peut utiliser plusieurs threads sur un même et unique objet. Il est donc facile de partager des données entre ces différents threads. Il faut toutefois éventuellement faire attention aux problèmes de concurrence d'accès à ces données partagées (voir paragraphe 2.2.7 à la page 23).

2.2.3 Quelle technique choisir ?

Donc deux techniques principales peuvent être utilisées pour créer un thread. Résumons leurs avantages et leurs inconvénients.

	Avantages	Inconvénients
Etend java.lang.Thread	Chaque thread possède ses propres donnés.	On ne peut pas hériter d'une autre classe.
Implémente java.lang.Runnable	L'héritage reste possible. On peut implémenter autant d'interfaces que l'on souhaite.	Les attributs de classe sont partagés pour tous les threads qui y sont basés. Dans certains cas, il peut s'avérer que cela soit un atout.

Il est possible de partager des données avec la première technique étudiée: il suffit dans ce cas de définir des attributs statiques. Un attribut statique est partagé par toutes les instances d'une même classe.

2.2.4 Gestion d'un groupe de threads.

Une autre fonctionnalité intéressante consiste à regrouper différents threads. Dans un tel cas, on peut invoquer un ordre sur l'ensemble des threads du groupe, ce qui peut dans certains cas sérieusement simplifier le code.

Pour inscrire un thread dans un groupe, il faut que le groupe soit initialement créé. Pour ce faire, il faut instancier un objet de la classe ThreadGroup. Une fois le groupe créé, on peut attacher les threads à ce groupe. L'attachement d'un thread à un groupe se fait via un constructeur de la classe Thread. Par la suite, un thread ne pourra en aucun cas changer de groupe.

Une fois tous les threads attachés au groupe, on peut alors invoquer les méthodes de contrôle d'exécution des threads sur l'objet de groupe. Les noms des méthodes sont identiques à ceux de la classe Thread : *suspend()*, *resume()*, *stop()*, ...

2.2.5 Méthodes de contrôle des threads

Méthodes statiques « Agissent sur le thread appelant »	Thread.sleep(long ms)	Bloque le thread appelant pour une durée spécifiée;
	Thread.yield()	Thread relâche le CPU au profit d'un thread de même priorité;
	Thread.currentThread()	Retourne une référence sur le thread appelant;
Méthodes d'instance « Producteur p = new Producteur (..); »	p.start()	Démarre le thread p;
	p.isAlive()	Détermine si p est encours d'exécution (ou terminé);
	p.join()	Bloque l'appelant jusqu'à ce que p soit terminé;
	p.setDaemon()	Attache l'attribut «daemon» à p (le programme peut se terminer sans que p soit terminé) ;

	p.setPriority(int pr)	Assigne une priorité à p;
	p.getPriority()	Retourne la priorité de p;
	... (beaucoup d'autres)	

2.2.6 Package java.util.concurrent

La plate-forme Java fournit des primitives basiques et de bas niveau pour écrire des programmes concurrents et synchronisés, mais celles-ci peuvent être difficiles à utiliser correctement (voir [DL2005] et [DevTig2007]).
La plupart des programmes deviennent plus clairs, plus rapides, plus faciles à écrire et plus fiables si une synchronisation de haut niveau est utilisée.
Une librairie étendue d'utilitaires de gestion de la concurrence a été intégrée dans Java a partir de la version 5.0.
Cette API, connue comme par le package java.util.concurrent, qui contient des pools de threads, des queues, des collections synchronisées, des verrous spéciaux (atomiques ou pas), des barrières (ou barrage), et bon nombre d'autres utilitaires, comme un framework d'exécution de tâches.
L'ajout à la plateforme Java de cette librairie est un apport substantiel susceptible de bouleverser la façon dont est développée la gestion de la concurrence dans les applications Java.

2.2.6.1 Les exécuteurs de tâches.

L'interface Executor est une super-interface simple et standard qui permet de contrôler des sous-systèmes d'exécution de tâches (en fait des Runnables), comme des pools de threads, des entrées / sorties asynchrones et des frameworks légers de gestion de tâches.
Elle permet de découpler les appels d'exécution, en précisant l'utilisation de chaque thread, l'ordonnancement, etc.

En fonction du type d'exécuteur utilisé, la tâche peut être exécutée par un nouveau thread, un thread existant ou même par le thread qui demande l'exécution de celle-ci, et ce de manière séquentielle ou concurrente :

```
Executor executor = Executors.newFixedThreadPool(5);
...
executor.execute(new RunnableTask1());
executor.execute(new RunnableTask2());
...
```

L'interface ExecutorService fournit un framework d'exécution de tâches entièrement asynchrone. Celui-ci gère la mise en queue, l'ordonnancement et la terminaison des tâches.

Il fournit à cet effet des méthodes de terminaison de processus et d'autres de monitoring de la progression d'une ou plusieurs tâches asynchrones (via les Futures, retournant l'état du traitement ou thread voulu).

Il y a deux implémentations concrètes, très flexibles et hautement configurables, de cette interface : la classe ThreadPoolExecutor et la classe ScheduledThreadPoolExecutor.

2.2.6.2 Les queues

Une nouvelle interface pour les collections : java.util.Queue.

Cette nouvelle interface comporte un certain nombre de signatures supplémentaires pour ajouter, supprimer des éléments et parcourir la collection:

```
public boolean offer(Object element)
public Object remove()
public Object poll()
public Object element()
public Object peek()
```

Une queue n'est rien d'autre qu'une structure de données de type FIFO (First In, First Out).

Deux types de queues sont distinguées : celles qui implémentent l'interface BlockingQueue et celles qui ne le font pas et qui implémentent uniquement Queue, comme la classe LinkedList existante, ou les nouvelles PriorityQueue (ordonnancement naturel des éléments) et ConcurrentLinkedQueue (thread-safe).

Les BlockingQueue sont des queues qui se bloquent lorsque l'on tente d'ajouter ou de retirer un élément tant que l'espace disponible n'est pas suffisant. Elles fonctionnent dans un mode producteur / consommateur.

Il existe cinq implémentations de ce type de queue dans le package java.util.concurrent :

ArrayBlockingQueue	Une queue avec des limites de taille minimale et maximale, dont la structure sous jacente est un tableau.
LinkedBlockingQueue	Une queue, que l'on peut limiter, et dont la structure sous jacente est un ensemble de nœuds de liaisons.
PriorityBlockingQueue	Une PriorityQueue implémentée comme un segment.
DelayQueue	Une queue dont les éléments peuvent expirer, et implémentée comme un segment.
SynchronousQueue	Une simple queue attendant qu'un consommateur demande son élément.

2.2.6.3 Les synchroniseurs (loquet, barrière, sémaphore et échangeur)

Les synchroniseurs sont des éléments essentiels pour la gestion de la concurrence et la synchronisation de différents processus.

Il y a quatre types des synchroniseurs :
- Les loquets.
- Les barrières.
- Les sémaphores.
- Les échangeurs.

Les **loquets** (ou latchers) via la classe CountDownLatch, permettent de bloquer (avec la méthode await()) plusieurs threads jusqu'à ce qu'un certain nombre d'opérations soient finies.

Les **barrières** permettent de définir un point d'attente commun à plusieurs processus. Lorsque tous les processus enregistrés par la barrière ont atteint ce point, ils sont débloqués.

On peut par exemple imaginer un traitement récursif sur des matrices, chaque résultat de traitement sur une matrice en créant une autre, jusqu'au résultat voulu. Ce principe est utilisé dans notre application voir paragraphe 3.2.2.1 page 35 et Figure 3.2.

Le **sémaphore** est sans doute le mécanisme de synchronisation le plus connu et le plus classique. C'est un mécanisme permettant d'assurer une forme d'exclusion mutuelle. Plus précisément, un sémaphore est une valeur entière S associée à une file d'attente. Nous pouvons accéder au sémaphore par deux méthodes, la première P attend que S soit positif et décrémente S (le processus est mis dans la file d'attente si S n'est pas strictement positif), la deuxième V incrémente S ou libère un des processus en attente sur un P.

L'**échangeur** (Exchanger) permet à deux processus de s'échanger mutuellement des données à un certain point dans le traitement. Nous l'appelons aussi un «rendez-vous». Il définit un canal commun qui permet à deux objets de communiquer en s'échangeant d'autres objets.

2.2.7 Synchronisation en Java

Au lancement de la JVM (Machine Virtuelle Java), un processus débute sont exécution. Ce processus possède plusieurs threads et chacun d'entre eux partage le même espace mémoire. En effet, l'espace mémoire est propre au processus et non à un thread. Cette caractéristique est à la fois un atout et une contrainte. En effet, partager des données pour plusieurs threads est relativement simple. Par contre les choses peuvent se compliquer sérieusement si la ressource (les données) partagée est accédée en modification : il faut synchroniser les accès concurrents. C'est l'un des problèmes informatiques les plus délicats à résoudre.

2.2.7.1 Notions de verrous

L'environnement Java offre un mécanisme de synchronisation : les verrous (locks en anglais). Chaque objet Java possède un verrou et seul un thread à la fois peut verrouiller un objet. Si d'autres threads cherchent à utiliser le même objet, ils seront endormis jusqu'à que l'objet soit déverrouillé. Cela permet de mettre en place ce que l'on appelle une section critique.
Pour verrouiller un objet par un thread, il faut utiliser le mot clé **synchronized**. En fait, il y a deux façons de définir une section critique. Soit on synchronise un ensemble d'instructions sur un objet, soit on synchronise directement l'exécution d'une méthode pour une classe donnée. Dans le premier cas, on utilise l'instruction *synchronized*. Dans le second cas, on utilise le qualificateur *synchronized* sur la méthode considérée. Le tableau suivant indique la syntaxe à utiliser dans les deux cas.

synchronized(object) { // Instructions de manipulation // d'une ressource partagée.	public **synchronized** void meth(int param) { // Le code de la méthode

}	// synchronizée.
	}

2.3 Temps CPU d'exécution d'un thread

2.3.1 Une première méthode en utilisant l'Api JNI

2.3.1.1 Sous la plate forme Windows

La classe CpuMonitorWindows [MetzWin2007] fournit 2 méthodes pour connaître le temps CPU consommé par le programme en cours, depuis de début de son exécution sous Windows.
Les méthodes font appel à la méthode système GetProcessTimes via JNI. Cet exemple ne fonctionne que pour Windows. Pour Linux, il faut modifier l'implémentation en faisant appel à getrusage avant de générer une nouvelle lib (Les classes, exemples d'utilisation, compilation et exécution sont en annexe C).

2.3.1.2 Sous la plate forme Linux

Comme dans le cas des programmes C, pour mesurer le temps CPU, on va faire appel à la méthode getrusage du noyau Linux [MetzLin2007]. Comme cette méthode est en C, un petit adaptateur est nécessaire pour l'appeler depuis notre code Java. Cet adaptateur est réalisé en utilisant JNI (Les classes et exemples d'utilisation, compilation et exécution sont en annexe D).

2.3.2 Calcul du temps CPU d'exécution d'un thread en pur Java

○ **System.currentTimeMillis() et System.nanoTime()**
Pour mesurer le temps pris pour une portion du code. La comparaison des valeurs retournées par deux appels successifs (encadrant la portion de code à mesurer) à la méthode currentTimeMillis() de la classe System de Java fournit le temps apparent d'exécution. Mais si plusieurs processus se partagent le processeur, ce temps apparent sera plus grand que le temps véritablement passé dans le processeur par le processus nous intéressant ("temps CPU").

currentTimeMillis()	System.nanoTime()
Retourne le temps réel en millisecondes. ATTENTION, la granularité de la valeur dépend de l'OS. La valeur retournée est celle mesurée en millisecondes, entre le temps réel et minuit du 1er janvier 1970 UTC.	Renvoie la valeur du temps système en nanosecondes. Cette méthode peut seulement être employée pour mesurer le temps écoulé et n'est pas liée à n'importe quelle autre notion de système. Cette méthode fournit la précision en nanoseconde, mais pas nécessairement l'exactitude de nanoseconde. Aucune garantie n'est faite au sujet de la façon dont fréquemment les valeurs changent.

- ○ **ThreadMXBean.getCurrentThreadCpuTime(), ThreadMXBean.getThreadCpuTime (long Id)**

L'interface ThreadMXBean offre la gestion pour le système de Threads de la machine virtuelle de Java.

Le MXBean peut être obtenu en appelant la méthode statique ManagementFactory.getThreadMXBean() ou à partir de la méthode MBeanServer de la plateforme.

getCurrentThreadCpuTime()	getThreadCpuTime(long Id)
Retourne le temps CPU pour le thread courant en nanosecondes. La valeur retournée a une précision en nanosecondes.	Retourne le temps CPU en nanosecondes pour un thread identifié par le paramètre Id. Si le thread d'identification indiqué n'est pas en exécution ou n'existe pas, la méthode retourne -1.

2.4 La mémoire utilisée

A partir de la version **Java 5.0**, on peut utiliser la classe **MemoryMXBean** de la nouvelle API de management pour obtenir des informations sur l'état de la mémoire. On récupère une instance de **MemoryMXBean** via le code suivant :

MemoryMXBean memoryBean = ManagementFactory.getMemoryMXBean();

Ensuite, il suffit d'utiliser la méthode **getHeapMemoryUsage(),** qui retourne un objet **MemoryUsage** contenant le détail de la mémoire utilisée par l'application. Il contient ainsi les informations suivantes :

- **init** : La taille initiale de la mémoire utilisée par l'application (généralement 0, sauf si l'on a utilisé l'option **-Xms** de la JVM).
- **used** : La quantité de mémoire qui est réellement utilisée par l'application.
- **committed** : La quantité de mémoire qui a été réservée auprès du système d'exploitation.
- **max** : La quantité de mémoire maximale que la JVM est authorisée à réserver auprès du système d'exploitation (modifiable avec l'option **-Xmx** de la JVM). Si l'application utilise plus de mémoire cela générera une **OutOfMemoryError**.

L'objet **MemoryUsage** possède bien entendu toutes les méthodes accesseurs pour accéder à ces éléments, mais également une redéfinition de la méthode **toString()** afin de les afficher plus simplement. Ainsi le code suivant :

System.out.println(memoryBean.getHeapMemoryUsage());

Donnera un résultat de la forme suivante :

init = 0(0K) used = 436912(426K) committed = 2031616(1984K) max = 530907136(518464K)

A noter également qu'il est possible de surveiller la mémoire utilisée par la JVM elle-même (et non pas par l'application fonctionnant en son sein) via la méthode getNonHeapMemoryUsage().

Pour les versions précédentes de Java 5.0, on peut utiliser la classe Runtime et ses méthodes maxMemory(), totalMemory() et freeMemory() :

- o maxMemory() représente la quantité maximale que la JVM est autorisée à réserver auprès du système d'exploitation (équivalent de l'attribut max).
- o totalMemory() représente la quantité de mémoire qui a été réservée auprès du système d'exploitation (équivalent de l'attribut committed).
- o freeMemory() représente la quantité de mémoire libre utilisable avant que la JVM n'alloue encore de la mémoire auprès du système (équivalent à la différence entre les attributs committed et used)

Ainsi pour obtenir un résultat similaire, on peut utiliser le code suivant :

```
Runtime runtime = Runtime.getRuntime();
System.out.print( "used : " + ( runtime.totalMemory()-
runtime.freeMemory() ) );
System.out.print( " committed : " + runtime.totalMemory() );
System.out.println( " max : " + runtime.maxMemory() );
```

2.5 Traitement d'images

On désigne par traitement d'images numériques l'ensemble des techniques permettant de modifier une image numérique dans le but de l'améliorer ou d'en extraire des informations [PolyTl2007] [RaphTl2007].

2.5.1 Histogramme

Un histogramme est un graphique statistique permettant de représenter la distribution des intensités des pixels d'une image, c'est-à-dire le nombre de pixels pour chaque intensité lumineuse. Par convention un histogramme représente le niveau d'intensité en abscisse en allant du plus foncé (à gauche) au plus clair (à droite).
Ainsi, l'histogramme d'une image en 256 niveaux de gris sera représenté par un graphique possédant 256 valeurs en abscisses, et le nombre de pixels de l'image en ordonnées.

L'histogramme fait apparaître que les tons gris clair sont beaucoup plus présents dans l'image que les tons foncés. Le ton de gris le plus utilisé est le 11ème en partant de la gauche.

Pour les images en couleur plusieurs histogrammes sont nécessaires. Par exemple pour une image codée en RGB :

- un histogramme représentant la distribution de la luminance,
- trois histogrammes représentant respectivement la distribution des valeurs respectives des composantes rouges, bleues et vertes.

2.5.2 Histogramme cumulé

L'histogramme cumulé représente la distribution cumulé des intensités des pixels d'une image, c'est-à-dire le nombre de pixels ayant au moins une intensité lumineuse donnée.

2.5.3 Modification de l'histogramme

L'histogramme est un outil très utile pour étudier la répartition des composantes d'une image mais il permet également de corriger le contraste et l'échelle des couleurs pour des images sur-exposées ou sous-exposées. En outre sa modification n'altère pas les informations contenues dans l'image mais les rend plus ou moins visibles.

La modification d'un histogramme est généralement représentée sur une courbe (appelée courbe tonale) indiquant la modification globale des composantes de l'image avec en abscisse les valeurs initiales et en ordonnées les valeurs après modification. La courbe tonale correspond à une fonction de transfert définie par une table de transcodage appelé look up table, notée LUT. Ainsi la diagonale indique la courbe telle que les valeurs initiales sont égales aux valeurs finales, c'est-à-dire lorsque aucune modification n'a eu lieu. Les valeurs à gauche de la valeur moyenne sur l'axe des abscisses représentent les pixels "clairs" tandis que ceux à droite représentent les pixels foncés (Figure 2.2).

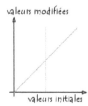

Figure 2.2: Modification d'histogramme

Ainsi, si la courbe de modification de l'histogramme est située en dessous de la diagonale, les pixels auront des valeurs plus faibles et seront donc éclaircis. A l'inverse si la courbe est au dessus de la diagonale, les pixels seront assombris (figure 2.3).

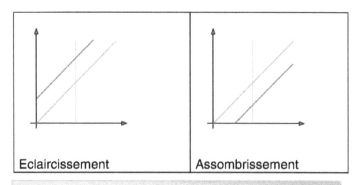

Eclaircissement   Assombrissement

Figure 2.3: Modification d'histogramme «Eclairage»

2.5.4 Egalisation de l'histogramme

L'égalisation d'histogramme a pour but d'harmoniser la répartition des niveaux de luminosité de l'image, de telle manière à tendre vers un même nombre de pixel pour chacun des niveaux de l'histogramme. Cette opération vise à augmenter les nuances dans l'image (Figure 2.4).

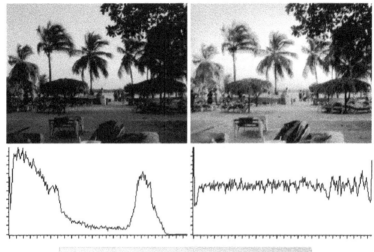

Figure 2.4: Egalisation de l'histogramme

La courbe tonale correspondant à l'égalisation de l'histogramme dépend totalement de l'image. Toutefois la plupart des outils proposent généralement un outil permettant de faire cette opération automatiquement (Figure 2.3).

2.5.5 Etirement de l'histogramme

L'étirement d'histogramme (aussi appelé "linéarisation d'histogramme" ou "expansion de la dynamique") consiste à répartir les fréquences d'apparition des pixels sur la largeur de l'histogramme. Ainsi il s'agit d'une opération consistant à modifier l'histogramme de manière à répartir au mieux les intensités sur l'échelle des valeurs disponibles. Ceci revient à étendre l'histogramme afin que la valeur d'intensité la plus faible soit à zéro et que la plus haute soit à la valeur maximale.

De cette façon, si les valeurs de l'histogramme sont très proches les unes des autres, l'étirement va permettre de fournir une meilleure répartition afin de rendre les pixels clairs encore plus clairs et les pixels foncés proches du noir.

Il est ainsi possible d'augmenter le contraste d'une image. Par exemple une image trop foncée pourra devenir plus "visible". Toutefois cela ne donne pas toujours de bons résultats...

2.5.6 Seuillage

L'opération dite de "seuillage simple" consiste à mettre à zéro tous les pixels ayant un niveau de gris inférieur à une certaine valeur (appelée seuil, en anglais treshold) et à la valeur maximale les pixels ayant une valeur supérieure. Ainsi le résultat du seuillage est une image binaire contenant des pixels noirs et blancs, c'est la raison pour laquelle le terme de binarisation est parfois employé. Le seuillage permet de mettre en évidence des formes ou des objets dans une image. Toutefois la difficulté réside dans le choix du seuil à adopter.

Voici une image en 256 niveaux de gris et les résultats d'une opération de seuillage avec les valeurs respectives de seuil de 125 et 200 (Figure 2.5):

Figure 2.5: Seuillage

La courbe tonale de l'opération de seuillage est la suivante (Figure 2.6):

Figure 2.6: L'histogramme du seuillage

Par opposition au "seuillage simple" il est possible de définir deux valeurs de seuil, respectivement borne inférieure et borne supérieure, afin de mettre à la valeur maximale les pixels ayant une valeur comprise entre les bornes et à zéro l'ensemble des autres valeurs (Figure 2.7).

Figure 2.7: L'histogramme du seuillage avec deux bornes

2.5.7 Inversion (négatif)

L'opération d'inversion consiste, comme son nom l'indique, à inverser les valeurs des pixels par rapport à la moyenne des valeurs possibles. Le résultat obtenu est appelé négatif (Figure 2.8).

Figure 2.8: Inversion négatif

La courbe tonale de l'opération d'inversion vidéo est la suivante (Figure 2.9) :

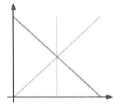

Figure 2.9: l'Histogramme de l'inversion négatif

CHAPITRE 3

DÉVELOPPEMENT

3.1 Benchmarks

Les benchmarks sont des tests comparatifs de vitesse de dispositifs matériels (processeurs, disques, adaptateurs graphiques, ...) et/ou logiciels (système d'exploitation, pilotes de périphérique, langage de développement, ...). Les résultats obtenus sont toujours relatifs et non absolus. Par ailleurs, ils sont susceptibles de dépendre d'une multitude de facteurs ou de caractéristiques. Ils pourront donc éventuellement être remis en cause abruptement à l'occasion de l'évolution d'un seul de ces paramètres. Dans ce cas, la conséquence est qu'ils devront être réalisés de nouveau pour rester pertinents.

L'objectif est de développer un outil de mesure de performance portant sur les puissances de calcul des processeurs et les performances mémoire avec utilisation du multithreading permettant d'évaluer l'intérêt et, a contrario, les limitations de cette technique de programmation. Dans le cadre général, ce type d'outil est appelé benchmarks.

Le développement réalisé au cours de ce stage permet d'effectuer deux types de mesures à l'aide de deux benchmarks différents : la capacité de calcul au moyen des types java int, long, float et double (Benchmark CPU) et la vitesse d'accès à la mémoire (Benchmark Mémoire).

3.2 Applications cibles

3.2.1 Applications de test

L'application développée permet la réalisation de benchmarks dans le cadre de l'utilisation de la programmation multithreadée en langage java. Elle est conçue pour utiliser des fichiers « xml » pour la description des tests réalisés. Ainsi ceux-ci seront facilement reproductibles et archivables. L'utilisation de fichiers xml répond aussi à un souci d'adaptabilité pour faciliter l'ajout de nouveaux tests. Le but, dans l'avenir, est d'en rendre possible et facile l'évolution, de manière à rester en adéquation avec les machines testées.

Quelques exemples de complexités différentes (en termes d'utilisation du processeur, mémoire et coûts de calcul) vont être décrits ici.
Les applications de test proposées sont donc :
(1) un benchmark de réalisation d'opérations matricielles (addition, produit)
(2) un benchmark de manipulation de tableaux de données
(3) une application de traitement d'images
Elles permettent d'évaluer les temps d'exécution et donc les accélérations ('Speed-Up') obtenues ou non.

3.2.2 Partage de la charge entre thread

Quel qu'il soit, l'ensemble des données à traiter sera simplement découpé en n sous-ensemble de tailles identiques où n est le nombre de threads transmis aux différents threads de traitement. Ceci est possible car les algorithmes ciblés (traitement d'images) s'adaptent bien au type de parallélisme où des processus concurrents identiques traitent des ensembles indépendants de données de même nature (par exemple les portions ou les plans de couleur extraits d'une image). Il n'est donc pas nécessaire d'utiliser d'outils de gestion élaborés de type "synchronize" java mais seulement des "join" ou bien encore d'envisager des techniques de parallélisation plus complexes.

3.2.3 Pourquoi une description des traitements par fichier?

Les fichiers de configuration sont utilisés comme moyen de paramétrage des traitements réalisés par l'application car ils offrent une plus grande souplesse d'emploi qu'une interface utilisateur standard à base de menus et fenêtres de saisie. Ils rendent aussi plus facile l'évolution des fonctionnalités disponibles (ajout possible d'autres benchmarks) et la réitération d'un ensemble de test sur une même machine ou une machine différente.

Le format XML (langage de balisage extensible) a été choisi comme format de stockage car il permet une structure les données sous forme d'arbre très simple et compréhensible mais aussi parce que ce format est connu et très courant.

3.2.4 Application de calcul matriciel

Addition de deux matrices n × m (N = n × m)

Soit Tadd le temps nécessaire pour réaliser l'addition de deux nombres sur un nœud de calcul. Alors, le temps d'exécution séquentiel est Tseq = n × m × Tadd. Soit T_{add} le temps nécessaire pour réaliser l'addition de deux nombres sur un nœud de calcul. Le temps d'exécution séquentiel est $T_{seq} = n \times m \times T_{add}$.

Si on dispose de p processeurs identiques tel que n×m est divisible par p, l'addition des deux matrices peut se réaliser de manière parfaitement parallèle. Chaque processeur effectue donc (n×m)/p opérations d'additions. On en déduit le temps d'exécution parallèle (si on a un bon alignement et une bonne distribution des données).

$$T_p = ((n \times m)/p) \times T_{add}$$

Produit de deux matrices carrées n × n (N = n²)

Si T_{ma} représente le temps mis par un nœud pour effectuer consécutivement une multiplication et une addition, alors le temps d'exécution séquentiel du produit de deux matrices carrées par l'algorithme est :

$$T_{seq} = n^3 T_{ma}$$

Une méthode simple consiste à répartir les **m** matrices (X1, X2,...) à multiplier sur **p** thread (P1, P2,...).

3.2.4.1 Fonctionnement de l'application

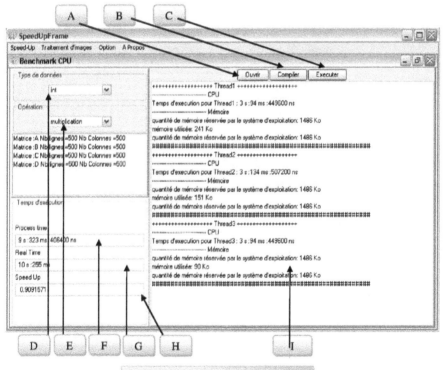

Figure 3.1: Benchmark CPU

La figure 3.1 montre une capture d'écran de l'application de test de 'SpeedUp' sur des calculs matriciels (multiplication, addition et soustraction) portant sur différents types de données (short, int, long, float, double).

Lettre	Désignation
A	Le bouton 'ouvrir' permet de charger un fichier batch '.xml' qui contient les opérations (les entrées de l'application) à exécuter.
B	Le bouton 'compiler' permet de compiler le fichier '.xml' et de vérifier qu'il ne contient ni erreur syntaxique ni erreur lexicale.
C	Le bouton 'exécuter' permet d'exécuter ce qui a été préparé par le compilateur.
D	Zone d'affichage du type de données utilisées.
E	Zone d'affichage de l'opération à effectuer sur les matrices pour le benchmark sur le CPU ou le traitement des tableaux pour le benchmark sur la mémoire.
F	Zone d'affichage du temps total d'exécution des threads en utilisant la classe «**ThreadMXBean**».
G	Zone d'affichage du temps d'exécution en utilisant la méthode **date.getTime**() (date est un objet de la classe **java.util.Date**).
H	Zone d'affichage du SpeedUp.
I	Zone d'affichage détaillé du CPU et de la mémoire utilisée pendant l'exécution de chaque thread.

Après lancement, l'application charge les données d'un fichier de configuration qui respecte notre syntaxe xml (Figure 3.2), puis les compile grâce à un compilateur développé dans ce but, exécute les calculs spécifiés, et enfin affiche les temps d'exécution résultats.

```
benchmark_CPU.xml    benchmark_Memory.xml

<!-- fichier de benchmark-->
<benchmark>
    <typeDonnees>int</typeDonnees>
    <operation>multiplication</Operation>
    <nbThread>2k/nbThread>
    <matrice>
        <nom>A</nom>
        <ligne>500</ligne>
        <colonne>500</colonne>
    </matrice>

    <matrice>
        <nom>B</nom>
        <ligne>500</ligne>
        <colonne>500</colonne>
    </matrice>

    <matrice>
        <nom>C</nom>
        <ligne>500</ligne>
        <colonne>500</colonne>
    </matrice>

    <matrice>
        <nom>D</nom>
        <ligne>500</ligne>
        <colonne>500</colonne>
    </matrice>
</benchmark>
```

Figure 3.2: Fichier « benchmarck_CPU.xml »

Dans le but de neutraliser les temps d'initialisation et autres traitements annexes, les tops de début et un fin relatif aux mesures de temps d'exécution et de mémoire utilisée par l'application de benchmark sont réalisés juste avant le début et juste après la fin de la boucle de calcul.

Exemple

Si on spécifie la multiplication de quatre matrices, l'application va réagir comme l'indique la figure 3.3.

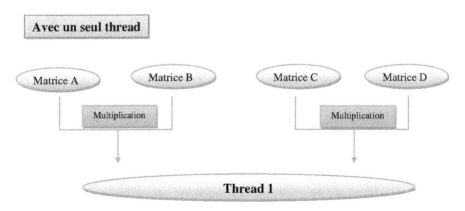

| Matrice A | Matrice B | | Matrice C | Matrice D |

Multiplication

Multiplication

Thread 1

Thread 2

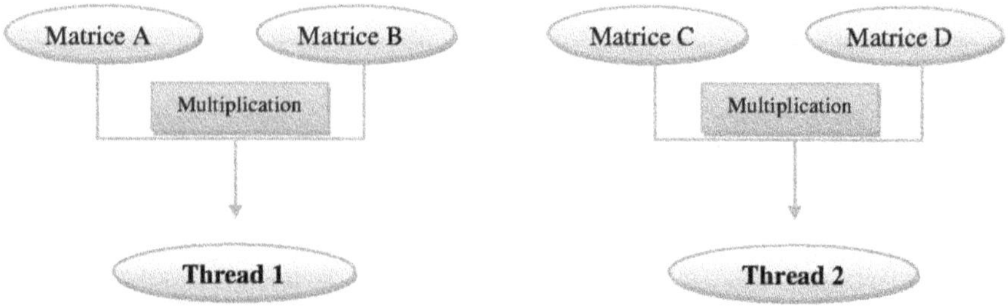

Figure 3.3: Multiplication des Matrices

Si on a précisé un seul de thread, 'thread 1' réalise la multiplication de la 'matrice A' par la 'matrice B' ensuite il multiplie la 'matrice C' par la 'matrice D'.

Si on a précisé deux thread, le 'thread 1' calcule la multiplication de la 'matrice A' par la 'matrice B' et parallèlement le 'thread 2' calcule la multiplication de la 'matrice C' par la 'matrice D'.

Pour le calcul de temps d'exécution pour chaque thread, on a utilisé la classe **ThreadMXBean** qui est dotée d'une méthode **getCurrentThreadCpuTime** qui permet de récupérer le temps d'exécution avec une grande précision (en nanosecondes).

✓ Les opérations offertes par l'application sont :

Opération sur les matrices	Mot réservé a utiliser dans la balise <operation>...</Operation>
Multiplication	'multiplication'
Addition	'addition'
Soustraction	'soustraction'

✓ Les types de données manipulables par l'application sont :

Type de données	Mot réservé a utiliser dans la balise < <typeDonnees>...</typeDonnees>
entier short	'short'
entier int	'int'
entier long	'long'
réel float	'float'
réel double	'double'

3.2.5 Application de gestion de mémoire

Figure 3.4: Benchmark mémoire

L'application de benchmark sur la mémoire suit le même mode de fonctionnement que sur celle du CPU. Après lancement, l'application charge les données d'un fichier de configuration qui respecte notre syntaxe xml (Figure 3.5), puis les compile, réalise les traitements spécifiés sur les tableaux, et enfin affiche les temps d'exécution résultats.

```
<!-- fichier de benchmark-->
<benchmark>

    <typeDonnees>int</typeDonnees>
    <operation>copyAll</Operation>
        <rowX1>10</rowX1>
        <colY1>10</colY1>
        <rowX2>2450</rowX2>
        <colY2>2450</colY2>
        <nbThread>2</nbThread>
    <matrice>
        <nom>A</nom>
        <ligne>2500</ligne>
        <colonne>2500</colonne>
    </matrice>

</benchmark>
```

Figure 3.5: Fichier « benchmarck_Memory.xml »

Toutes les mesures de la mémoire utilisée et de temps d'exécution sont prises autour de la boucle de traitement, ce qui neutralise les temps d'initialisation et les autres traitements effectués au niveau du système.

Explication par un exemple

Deux threads doivent réaliser la copie d'un tableau A de 4000 * 4000 éléments vers un tableau Res de taille identique. La figure 3.6 décrit le fonctionnement de l'application.

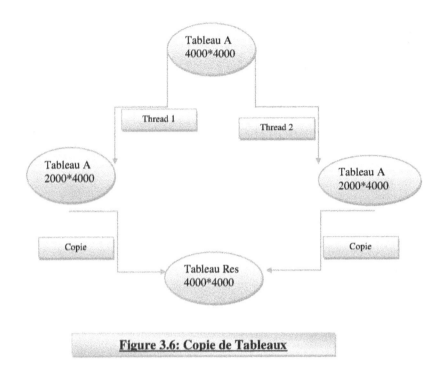

Les tableaux A et Res ont la même taille : 4000*4000.
Si le nombre de threads est égal à 2, 'thread1' fait la copie de la partie du tableau A indicée entre (0, 0) et (1999, 3999) dans le tableau Res aux mêmes indices, tandis 'thread2' fait la copie de l'autre partie du tableau A ((2000, 0) à (3999, 3999)) dans le tableau Res.

Pour calculer la mémoire que chaque thread utilise, on a utilisé la classe **MemoryMXBean** qui a une méthode «**used()**» permettant de récupérer la mémoire réellement utilisée avec une grande précision (bits).

✓ Les opérations autorisées par l'application sont :

Opération sur les matrices	Mot réservé a utiliser dans la balise <operation>...</Operation>
Copier toute la matrice dans une autre matrice	'copyAll'

- 49 -

Permuter toute la matrice	'permuterAll'
Copier une partie de la matrice dans une autre matrice	'copyXY'
Permuter une partie de la matrice dans une autre matrice	'permuterXY'

✓ Les types de données utilisées par l'application sont :

Type de données	Mot réservé a utiliser dans la balise <typeDonnees>...</typeDonnees>
Entier int	'int'
Réel float	'float'
Entier short	'short'

3.2.6 Application de traitement d'images

Un troisième module expérimental dédié au problème particulier du traitement d'images a été développé. Ce domaine présente la caractéristique d'être potentiellement consommateur intensif de calculs entier ou réel (suivant le traitement réalisé) mais aussi de mémoire (jusqu'à plusieurs dizaines voire centaines de Mo suivant la taille des images manipulées,).

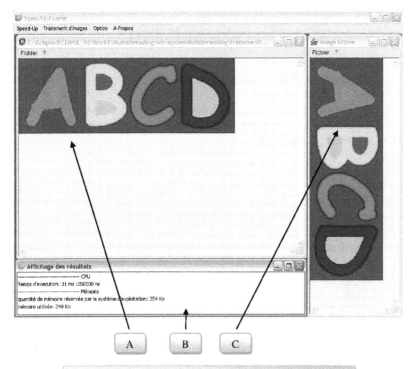

Figure 3.7: Application du traitement d'images

La figure 3.7 présente une capture d'écran de l'application de traitement d'images.

Lettre	Désignation
A	Zone d'affichage de l'image initiale chargée par l'application.
B	Zone d'affichage des résultats d'exécution (le temps CPU et la mémoire utilisé par l'application).
C	Zone d'affichage de l'image modifiée par le filtre.

Après avoir lancé l'application, on charge une image, on lui applique un filtre de traitement d'image qui aura pour résultat l'affichage de l'image résultante, enfin, le temps d'exécution et la quantité de mémoire utilisés par le filtre sont affichés.

Au cours de cette procédure, le temps de calcul est pris entre le début et la fin d'exécution du filtre de manière à exclure toutes les autres opérations

Les filtres gérés par l'application sont ceux des packages « filtre », « filtres » et « monetFiltres » développé par M. Janey.

Le package « filtres » implante sous forme de classes plusieurs dizaines de filtres de traitement d'images usuels. Le package « filtre » est utilisé pour définir un certain nombre de classes et interfaces de base utilisées dans « filtres ». En particulier on y trouve l'interface Filtre qui doit être implantée par un filtre de traitement d'image ainsi que la classe ImageFiltre destinée à stockée les images manipulées.

Le package « monetFiltres » propose une classe dérivée pour chacune des classes filtre de « filtres » permettant leur utilisation en temps que filtre (par dérivation) mais apportant aussi obligatoirement (implantation de l'interface MonetFiltre) une méthode de définition des paramètres éventuels de ces filtres (exemples : le facteur de modification du contraste pour un filtre d'augmentation/diminution du contraste, les nouvelles tailles en x et en y pour un filtre de redimensionnement).
Le paramétrage des classes filtre de « monetFiltres » ayant été choisi comme devant être réalisé au moyen de fenêtres de saisie (utilisation directe possible dans un programme de traitement d'images), un certain nombre de composants de base dédiés à la construction de ces fenêtres d'interface utilisateur ont été regroupés dans les packages « gui » et « guiFiltres ».

Ajouter un filtre à l'application de Benchmarking nécessite de se conformer à la procédure suivante :
- Développer la classe d'« exécution » du filtre souhaité par implantation de l'interface Filtre du package « filtre ». Cette classe doit être placée dans le package « filtres ».
- Développer la classe utilisable dans l'application de benchmarking par dérivation de la classe d'exécution et implantation de l'interface MonetFiltre. Cette classe doit être placée dans le package « monetFiltres ».

CHAPITRE 4

QUELQUES RÉSULTATS

Les benchmarks de speed up et d'utilisation de mémoire ont été faite sur ce qui suit:

Hardware de teste:

- Des ordinateurs mono-cœurs dans un réseau LAN.
- Un ordinateur multi-cœur.
- Un ordinateur mono-cœur.

Système OS:

- UNIX
- Windows

Les premiers résultats:

- Le multithreading sur la plateforme UNIX est plus performent (les résultats sont légèrement meilleur en d'autre terme java est plus rapide sur UNIX) que sur WINDOWS

- Pour les tests sur les machines mono-cœur dans un réseau LAN on a remarqué que c'est moins compétitif par rapport aux nouveaux ordinateurs multi-cœurs (les échanges entre machine en utilisant le réseau sont beaucoup plus couteaux par rapport à l'utilisation des machines muti-coeurs)

Les résultats proposés sont axés sur l'évaluation des performances en terme (1) de puissance de calcul et (2) de rapidité d'accès à la mémoire. Il est bien entendu, qu'une application réelle n'étant généralement pas consommatrice exclusive de l'une ou l'autre de ces caractéristiques, mais plutôt des deux. Les chiffres indiqués ne peuvent donc pas prétendre être directement représentatifs de cette application. Seul un test développé spécifiquement pour elle sera pertinent.

Toutes les mesures ont été réalisées en essayant de limiter le taux d'occupation des machines pour les autres activités que celles de test. Des machines de configurations différentes ont été utilisées.

Machine A (simple cœur)	CPU : Intel(R) Pentium(R) M, 600MHz Mémoire : 512 MB RAM Système d'exploitation : Windows XP Media Center Edition Nom: Dothan

	Processeurs: 1
	Cœur(s): 1
	Cadence:
	    Cœur: 600 MHz
	    Bus : 100 MHz
	    FSB (Front Side Bus): 400 MHz
	Cache:
	    Niveau 1: 32 Kb
	    Niveau 2: 2048 Kb

Machine B
(double
cœur)
	CPU : Intel(R) Pentium(R) D, 2.80GHz
	Mémoire : 1024 MB RAM
	Système d'exploitation : Windows XP Professionnel
	Nom: SmithField
	Processeurs: 1
	Cœur(s): 2
	Cadences:
	    Cœur: 2800 MHz
	    Bus : 200 MHz
	    FSB (Front Side Bus): 800 MHz
	Cache:
	    Niveau 1: 16 Kb par cœur
	    Niveau 2: 1024 Kb par cœur

4.1 Résultats de benchmarking sur la puissance CPU

✓ Résultats pour des calculs effectués sur la machine simple cœur A en utilisant l'opération de multiplication sur des matrices de dimensions identiques.

Nombre de threads	Nombre de produits matriciels	Taille de chaque matrice	Total des temps d'exécution système (en secondes)	Temps d'exécution réel (en secondes)	Speed Up
1	150000	20*20	24.395	27.990	0.900
2	150000	20*20	23.273	25.486	0.913
4	150000	20*20	23.724	25.837	0.918
10	150000	20*20	23.213	26.680	0.890
1	1200	100*100	23.273	24.986	0.931
2	1200	100*100	22.882	24.756	0.924
4	1200	100*100	22.602	24.706	0.915
10	1200	100*100	22.231	24.586	0.904
1	10	500*500	31.140	33.528	0.925
2	10	500*500	30.403	32.937	0.923
4	10	500*500	23.814	25.747	0.925
10	10	500*500	29.712	31.515	0.943
1	4	1000*1000	114.224	122.496	0.932
2	4	1000*1000	118.670	129.276	0.918
4	4	1000*1000	110.228	117.469	0.938

Table 4.1A : Résultats CPU sur des 'int' pour la machine simple cœur

Nombre de threads	Nombre de produits matriciels	Taille de chaque matrice	Total des temps d'exécution système (en secondes)	Temps d'exécution réel (en secondes)	Speed Up
1	1200	100*100	18.366	18.797	0.977
2	1200	100*100	18.586	19.418	0.957
4	1200	100*100	18.586	19.849	0.936
10	1200	100*100	18.646	19.818	0.941
1	4	1000*1000	176.714	191.845	0.921
2	4	1000*1000	168.121	180.890	0.929
4	4	1000*1000	183.530	196.503	0.932

Table 4.2A : Résultats CPU sur des 'long' pour la machine simple cœur

Nombre de threads	Nombre de produits matriciels	Taille de chaque matrice	Total des temps d'exécution système (en secondes)	Temps d'exécution réel (en secondes)	Speed Up
1	1200	100*100	19.327	19.639	0.984
2	1200	100*100	19.307	19.749	0.978

4	1200	100*100	19.267	19.858	0.970
10	1200	100*100	19.417	19.998	0.971
1	4	1000*1000	103.528	105.382	0.982
2	4	1000*1000	106.843	108.816	0.982
4	4	1000*1000	119.812	121.340	0.990

Table 4.3A : Résultats CPU sur des 'float' pour la machine simple cœur

Nombre de threads	Nombre de produits matriciels	Taille de chaque matrice	Total des temps d'exécution système (en secondes)	Temps d'exécution réel (en secondes)	Speed Up
1	1200	100*100	18.286	18.706	0.978
2	1200	100*100	18.186	19.170	0.956
4	1200	100*100	18.306	19.588	0.935
10	1200	100*100	18.546	19.959	0.929
1	4	1000*1000	119.682	129.656	0.923
2	4	1000*1000	118.810	122.937	0.966
4	4	1000*1000	121.940	126.913	0.954

Table 4.4A : Résultats CPU sur des 'double' pour la machine simple cœur

✓ Résultats pour des calculs effectués sur la machine double cœur B en utilisant l'opération de multiplication sur des matrices de dimensions identiques.

Nombre de threads	Nombre de produits matriciels	Taille de chaque matrice	Total des temps d'exécution système (en secondes)	Temps d'exécution réel (en secondes)	Speed Up
1	150000	20*20	19.234	19.563	0.983
2	150000	20*20	18.359	17.470	1.077
4	150000	20*20	18.421	17.329	1.063
10	150000	20*20	18.375	16.234	1.132
1	1200	100*100	18.734	18.859	0.993
2	1200	100*100	18.437	10.875	1.695
4	1200	100*100	18.437	11.150	1.674
10	1200	100*100	18.468	11.297	1.635
1	10	500*500	31.125	31.516	0.988
2	10	500*500	31.930	16.150	1.942
4	10	500*500	25.930	12.844	1.954
10	10	500*500	31.546	16.109	1.958
1	4	1000*1000	113.781	114.78	0.997

2	4	1000*1000	115.000	57.797	1.990
4	4	1000*1000	114.421	57.563	1.988

Table 4.1B : Résultats CPU sur des 'int' pour la machine double cœur

Nombre de threads	Nombre de produits matriciels	Taille de chaque matrice	Total des temps d'exécution système (en secondes)	Temps d'exécution réel (en secondes)	Speed Up
1	1200	100*100	28.187	28.359	0.994
2	1200	100*100	27.796	14.781	1.881
4	1200	100*100	27.421	15.625	1.755
10	1200	100*100	28.984	16.187	1.791
1	4	1000*1000	180.453	180.953	0.997
2	4	1000*1000	182.718	91.828	1.990
4	4	1000*1000	181.150	90.891	1.992

Table 4.2B : Résultats CPU sur des 'long' pour la machine double cœur

Nombre de threads	Nombre de produits matriciels	Taille de chaque matrice	Total des temps d'exécution système (en secondes)	Temps d'exécution réel (en secondes)	Speed Up
1	1200	100*100	18.406	18.515	0.994
2	1200	100*100	16.000	9.609	1.665
4	1200	100*100	16.531	10.235	1.615
10	1200	100*100	17.218	10.516	1.637
1	4	1000*1000	115.718	116.000	0.998
2	4	1000*1000	124.812	62.750	1.989
4	4	1000*1000	140.375	66.610	2.107

Table 4.3B : Résultats CPU sur des 'float' pour la machine double cœur

Nombre de threads	Nombre de produits matriciels	Taille de chaque matrice	Total des temps d'exécution système (en secondes)	Temps d'exécution réel (en secondes)	Speed Up
1	1200	100*100	18.659	18.792	0.993
2	1200	100*100	18.222	12.397	1.470

4	1200	100*100	17.493	12.694	1.371
10	1200	100*100	17.695	12.831	1.382
1	4	1000*1000	136.625	137.93	0.997
2	4	1000*1000	135.828	68.297	1.989
4	4	1000*1000	146.718	67.265	2.181

Table 4.4B : Résultats CPU sur des 'double' pour la machine double cœur

4.2 Résultats de benchmarking sur la vitesse mémoire

Sachant que la JVM du Java utilise par défaut 64 Mo, il faut toujours prendre ce critère en considération pour ne pas saturer la mémoire et provoquer une erreur d'exécution. Il faut respecter ce qui suit:

Type de données	Nombre maximum d'éléments
'int' et 'float '	2800*2800
'long' et 'double'	2000*2000
'short'	3950*3950

Ce problème peut être évité en utilisant les options de ligne de commande java pour augmenter les tailles de mémoire pour le tas et pour la pile lors de l'exécution. Par exemple :
- -Xms224m définit la taille initiale du tas à 224 Mo.
- -Xmx224m définit la taille maximale du tas à 224 Mo.
- -Xss1m définit la taille de la pile à 1 Mo.

Exemple:
La ligne de commande suivante exécutera l'application SpeedUpFrame du package view avec 224 Mo comme taille pour le tas et 1 Mo comme taille pour la pile:

java -Xms224m -Xmx224m -Xss1m view.SpeedUpFrame

✓ Résultats sur l'utilisation de la mémoire par la machine A (simple cœur) pour faire des opérations de copie totale d'un tableau dans un autre tableau.

Nombre de threads	Nombre de copies	Taille de tableau	Total des temps d'exécution système (en secondes)	Temps d'exécution réel (en secondes)	SpeedUp
1	500	2600*2600	48,910	131,49	0.373
2	500	2600*2600	26,568	41,550	0.639
4	500	2600*2600	11,576	85,200	0.136

| 10 | 500 | 2600*2600 | 4,756 | 31,765 | 0.150 |

Table 4.5A: Résultats 'copie mémoire' sur 'int' pour la machine mono cœur

Nombre de threads	Nombre de copies	Taille de tableau	Total des temps d'exécution système (en secondes)	Temps d'exécution réel (en secondes)	SpeedUp
1	500	2600*2600	50,833	133,612	0.380
2	500	2600*2600	26,417	41,360	0.639
4	500	2600*2600	11,150	85,362	0.130
10	500	2600*2600	4,316	30,975	0.140

Table 4.6A: Résultats 'copie mémoire' sur 'float' pour la machine mono cœur

✓ Résultats sur l'utilisation de la mémoire par la machine B (double cœur) pour faire des opérations de copie totale d'un tableau dans un autre tableau.

Nombre de threads	Nombre de copies	Taille de tableau	Total des temps d'exécution système (en secondes)	Temps d'exécution réel (en secondes)	SpeedUp
1	500	2600*2600	29,250	76,828	0,380
2	500	2600*2600	29,250	21,843	1,340
4	500	2600*2600	22,453	62,641	0,360
10	500	2600*2600	2,984	11,672	0,255

Table 4.5B: Résultats 'copie mémoire' sur 'int' pour la machine mono cœur

Nombre de threads	Nombre de copies	Taille de tableau	Total des temps d'exécution système (en secondes)	Temps d'exécution réel (en secondes)	SpeedUp
1	500	2600*2600	29,265	76,594	0,372
2	500	2600*2600	29,156	21,812	1,336
4	500	2600*2600	21,609	62,940	0,342
10	500	2600*2600	4,531	12,453	0,363

Table 4.6B: Résultats 'copie mémoire' sur 'float' pour la machine mono cœur

✓ Résultats sur l'utilisation de la mémoire par la machine A (simple cœur) pour faire des opérations de permutation totale d'un tableau.

Nombre de threads	Nombre de swaps	Taille de tableau	Total des temps d'exécution système (en secondes)	Temps d'exécution réel (en secondes)	SpeedUp
1	500	2600*2600	47,918	50,52	0.957
2	500	2600*2600	25,997	26,788	0.970
4	500	2600*2600	11,656	12,137	0.960
10	500	2600*2600	3,925	3,956	0.992

Table 4.7A: Résultats 'swap mémoire' sur 'int' pour la machine simple cœur

✓ Résultats sur l'utilisation de la mémoire par la machine B (double cœur) pour faire des opérations de permutation totale d'un tableau.

Nombre de threads	Nombre de swaps	Taille de tableau	Total des temps d'exécution système (en secondes)	Temps d'exécution réel (en secondes)	SpeedUp
1	500	2600*2600	29,906	30,172	0,991
2	500	2600*2600	16,453	8,609	1,911
4	500	2600*2600	1,687	4,719	1,840
10	500	2600*2600	2,812	1,438	1,955

Table 4.7B: Résultats 'swap mémoire' sur 'int' pour la machine double cœur

4.3 Comparaison et analyse des résultats

4.3.1 Performances des calculs CPU

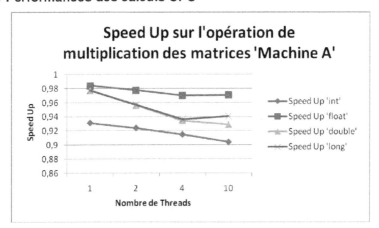

Diagramme 4.8A: Speed up CPU pour la machine simple cœur

Le diagramme 4.8A est réalisé sur la base des tables 4.1A, 4.2A, 4.3A et 4.4A. Il montre les variations du Speed Up sur la 'Machine A' selon le nombre de threads utilisés pour réaliser des calculs (1200 multiplications de matrices 100*100).

Les valeurs obtenues sont toutes légèrement inférieures à 1, ce qui apparaît normal sur une machine à un seul cœur où le temps système consacré par un thread unique à des calculs est voisin du temps réel d'exécution.

Pour un seul thread les types 'float', 'double', 'long' ont presque la même valeur de Speed Up. Pour le type 'int', on constate l'obtention des valeurs les plus faibles. Par contre le type 'float' obtient les valeurs les plus élevées.

En utilisant plusieurs threads le Speed Up diminue (surtout pour le type 'int'). Ce phénomène semble logique car les ressources consacrées à la gestion du fonctionnement des threads empiètent de plus en plus fortement sur celles consacrées aux calculs. Les valeurs restent toutefois supérieures à 0.9.

En double précision (long et double) les performances sont généralement réduites par rapport à ce qu'elles sont en simple précision (int et float).

Ce phénomène apparaît normal. Il existe cependant des exceptions qui semblent être liées au type de processeur utilisé.

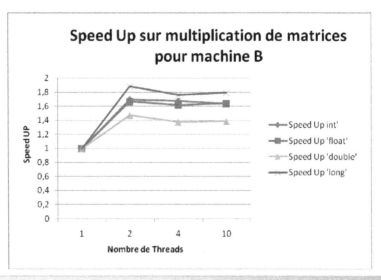

Diagramme 4.8B: Speed up CPU pour la machine double cœur

Le diagramme 4.8B est réalisé sur la base des figures 4.1B, 4.2B, 4.3B et 4.4B. Il montre la variation du Speed Up sur la 'Machine B' (double cœur) selon le nombre de threads utilisés pour réaliser des calculs (1200 multiplications de matrices 100*100).

Pour un seul thread, tous les types de données ont presque la même valeur de Speed Up voisine de 1. On est alors dans les mêmes conditions que si on travaillait sur une machine simple cœur car le thread en exécution occupe un cœur et l'autre est virtuellement inutilisé.

En revanche, en utilisant deux threads, le Speed Up augmente pour atteindre des valeurs comprises entre 1.5 et 1.9 (sans jamais dépasser 2.0) suivant le type de données manipulé (1.5 en double, jusqu'à presque 1.9 en long). Ceci est compréhensible car la 'Machine B' étant double cœur, les deux threads sont exécutés en parallèle.

En utilisant plus que deux threads les performances diminuent très légèrement tout en restant bien supérieures à celles obtenues lors de l'utilisation d'un seul thread.

4.3.2 Performances des accès mémoire

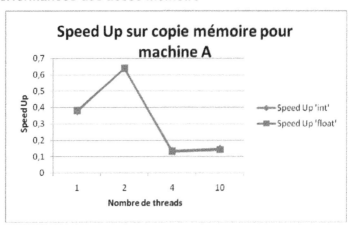

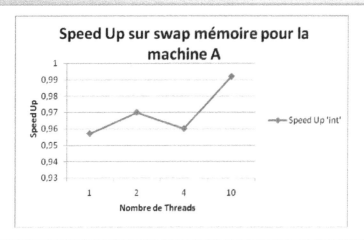

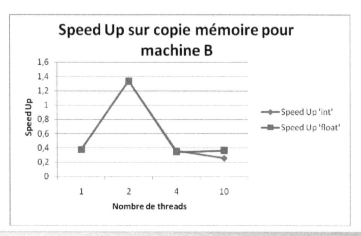

Diagramme 4.9B: Speed Up 'copie mémoire' pour la machine double cœur

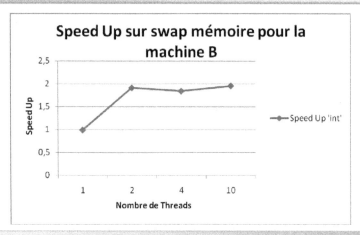

Diagramme 4.10B: Speed Up 'swap mémoire' pour la machine double cœur

4.4 Traitement d'images

✓ Résultats sur le speed up utilisé pour l'opération 'Basculer à droite '
de l'application du traitement d'image sur la 'machine B'.

Nombre de threads	Nombre d'images	Taille de l'image	Total des temps d'exécution système (en secondes)	Temps d'exécution réel (en secondes)	Speed Up
1	500	640*480	16,890	84,000	0,201
2	500	640*480	17,515	41,703	0,420
4	500	640*480	23,109	30,620	0,768
10	500	640*480	18,953	37,672	0,503
1	500	800*600	26,703	41,625	0,641
2	500	800*600	38,468	57,310	0,674
4	500	800*600	38,296	43,781	0,874
10	500	800*600	41,796	33,718	1,240
1	500	1024*768	59,703	69,625	0,857
2	500	1024*768	90,140	62,782	1,435
4	500	1024*768	92,921	69,672	1,333
10	500	1024*768	97,750	74,563	1,310

Table 4.11B: Résultats en traitement d'images (bascule à droite) pour la machine double cœur

On remarque que le Speed Up augmente avec la taille de l'image.

CONCLUSION

Pour le module de test des performances de calcul, le paramètre est crucial, puisque le temps de gestion de chaque thread (instanciation, lancement, synchronisation terminale) devient non négligeable devant le temps d'exécution des calculs mathématiques, le gain de performance obtenu peut devenir nul voire négatif et donc rendre inintéressante voire pénalisante la programmation multithreadée.

Pour le module dédié à la mémoire, on met en évidence le fait que le problème essentiel est la latence d'accès à la mémoire centrale. En effet, quand le ou les cœurs requièrent les données à une cadence supérieure à celle que la mémoire centrale est capable de soutenir, c'est la rapidité de cette mémoire qui définit la rapidité de la machine rendant éventuellement inintéressante la programmation multithreadée. Des dispositifs tels que des mémoires caches de premier et deuxième niveau permettent, jusqu'à un certain point, de palier aux latences d'utilisation de la mémoire centrale, car ces mémoires caches, ayant une rapidité supérieure à la mémoire centrale, pourront être « mieux » utilisés que celle-ci.
Les caches de données améliorent considérablement le temps d'accès à la mémoire à condition que le taux de présence soit adapté à la fréquence d'accès. Ceci implique qu'il est nécessaire d'imposer, au niveau algorithmique, une très grande localité des données nécessaires au(x) processeur(s). Des paramètres tels que les tailles ce ces caches, leurs répartition et partage entre les cœurs pour les processeurs multicoeurs, … prennent alors une grande importance et peuvent avoir une influence directe sur les algorithmes programmés.

Pour le module d'application au traitement d'images ne peut pas procurer de résultats « définitifs ». Le canevas est disponible pour que chaque filtre développé puisse être testé, éventuellement dans différentes versions, pour évaluer l'intérêt de la programmation multithreadée.

Dans l'avenir, cette application pourra évoluer vers une plus grande souplesse quant à l'implantation de nouveaux tests. Les quelques tests développés mériteront aussi d'être améliorés pour mieux caractériser tel ou tel élément de performance.

BIBLIOGRAPHIE

Articles

[Pick2005] Christopher J.F. Pickett et Clark Verbrugge, **Speculative Multithreading in a Java Virtual Machine**. 6ème atelier d'ACM SIGPLAN-SIGSOFT sur l'analyse de programme et d'outils et de technologie de logiciel, pages 59 à 66, ISSN : 0163-5948, mars 2005, Université de McGill, Montréal.

[Lawr2005] Lawrence Spracklen et Santosh G.Abraham, **Chip Multithreading: Opportunities and Challenges**. 11ème colloque international sur l'architecture d'ordinateur à rendement élevé, pages 248 à 252, ISSN D'ISBN : 1530-0897, 0-7695-2275-0, 2005, Sun Microsystems Inc.

[MacD2003] Luc K. McDowell, Susan J. Eggers et Steven D. Gribble, **Improving server software support for simultaneous multithreaded processors**. 9ème colloque d'ACM SIGPLAN sur la programmation parallèle, pages 37 à 48, ISBN : 1-58113-588-2 , Université de Washington, Seattle,.

[RasAg2004] Rashmi Bajaj and Dharma P. Agrawal. **Improving Scheduling of Tasks in a Heterogeneous Environment**. IEEE Transactions on Parallel and Distributed Systems, 15(2), pages 107 à 118, février 2004.

[BeaCas2005] Olivier Beaumont, Henri Casanova, Arnaud Legrand, Yves Robert, et Yang Yang. **Scheduling Divisible Loads on Star and Tree Networks: Results and Open Problems**. IEEE Transactions sur les Systèmes parallèles et répartis, pages 207 à 218, ISSN : 1045-9219, mars 2005.

[CasDes2004] Henri Casanova, Frédéric Desprez, et Frédéric Suter. **From Heterogeneous Task Scheduling to Heterogeneous Mixed Parallel Scheduling**. 10ème conférence internationale Euro-Par (Euro-Par'04), volume 3149 de LNCS, pages 230 à 237, Pise, août 2004.

[CasLeg2000] Henri Casanova, Arnaud Legrand, Dmitrii Zagorodnov, and Francine Berman. **Heuristics for Scheduling Parameter Sweep Applications in Grid Environments**. Actes du 9ème Atelier de calcul hétérogène, pages 349 à 363, 2000.

[HofMul1996] Jens Hofmann, Norbert Th. Muller, et Kasyap Natarajan. **Parallel versus Sequential Task-Processing: A New Performance**

Model in Discrete Time. Rapport technique du service des mathématiques et de l'informatique, université de Trier, Allemagne. 1996.

[RadNic2001] Andrei Radulescu, Cristina Nicolescu, Arjan J. C. van Gemund, et Pieter Jonker. **CPR: Mixed Task and Data Parallel Scheduling for Distributed Systems**. Actes du 15ème colloque du traitement parallèle et distribué international, avril 2001.

[RadGem2001] Andrei Radulescu et Arjan J. C. van Gemund. **A Low-Cost Approach Towards Mixed Task and Data Parallel Scheduling**. Actes de la 15ème conférence internationale sur le traitement parallèle, pages 69–76, 2001.

[RaaYan2005] Krijn van der Raadt, Yang Yang, and Henri Casanova. **Practical Divisible Load Scheduling on Grid Platforms with APST-DV**. Actes du 19ème colloque international de parallèle et de traitement distribué d'IEEE (IPDPS' 05), 2005.

[DL2005] Doug Lea. **The java.util.concurrent synchronizer framework.** Simultanéité et synchronisation dans des programmes Java. Université de l'Etat de New York, Oswego, ISSN:0167-6423, décembre 2005.

Thèses

[Gin1997] Ilan Ginzburg : Intégration efficace et portable de multiprogrammation légère et de communications.
- Pour obtenir le grade de Docteur de l'Institut National Polytechnique de Grenoble.
- Thèse préparée au sein du Laboratoire de Modélisation et de Calcul (LMC) « Date de soutenance : 12 septembre 1997».

Sites Web

[MetzWin2007]
http://www.metz.supelec.fr/~galtier/PagesPerso/Enseignement/ExemplesJava
/CpuMonitor/CpuMonitorWindows/

[MetzLin2007]
http://www.metz.supelec.fr/~galtier/PagesPerso/Enseignement/ExemplesJava
/CpuMonitor/CpuMonitorLinux/

[SunMXB2007] Site Officiel de documentation de Java pour Sun Microsystems :
http://java.sun.com/j2se/1.5.0/docs/api/java/lang/management/ThreadMXBean.html
Documentation sur l'Interface « ThreadMXBean »

[SunSys2007]
http://java.sun.com/j2se/1.5.0/docs/api/java/lang/System.html:
Documentation sur le package « System»

[SunConc2007]
http://java.sun.com/j2se/1.5.0/docs/api/java/util/concurrent/package-summary.html
Documentation sur le package « java.util.concurrent»

[DevTig2007]
http://lroux.developpez.com/article/java/tiger/?page=page_3#Lqueues

[RaphTI2007] http://raphaello.univ-fcomte.fr/ig/TraitementImages/TraitementImages.htm

[PolyTI2007] http://www.polytech.unice.fr/~lingrand/Ens/planTraitIma.html

ANNEXES

Développement d'une classe thread par dérivation de la classe Thread de l'API Java

```java
/** Premier test de classe de thread en utilisant la
 *  technique qui consiste à dériver de la classe Thread.
 */
public class FirstThread extends Thread {
    /** Un attribut propre à chaque thread */
    private String threadName;

    /** Création et démarrage automatique du thread */
    public FirstThread(String threadName) {
        this.threadName = threadName;
        this.start();
    }

    /** Le but d'un tel thread est d'afficher 500 fois
     *  son attribut threadName. Notons que la méthode
     *  <I>sleep</I> peut déclancher des exceptions.
     */
    public void run() {
        try {
            for(int i=0;i<500;i++) {
                System.out.println(
                    "Thread nommé : " + this.threadName +
                    " - itération : " + i
                );
                Thread.sleep(30);
            }
        } catch (InterruptedException exc) {
            exc.printStackTrace();
        }
    }

    /** Le point de démarrage de votre programme.
     *  Notez bien que nous lançons deux threads et que
     *  chacun  d'eux possède une données qui lui est
     *  propre.
     */
```

```
   static public void main(String argv[]) {
      FirstThread thr1 = new FirstThread("Toto");
      FirstThread thr2 = new FirstThread("Tata");
   }
}
```

Annexe B

Développement d'une classe thread par implantation de l'interface Runnable de l'API Java

```
/** Second test de classe de thread en utilisant la technique qui consiste à
 *implémenter l'interface java.lang.Runnable
 */
public class SecondThread implements Runnable {
   /** Un attribut partagé par tous les threads */
   private int counter;

   /** Démarrage de cinq threads basés sur un même objet */
   public SecondThread (int counter) {
      this.counter = counter;

      // On démarre cinq threads sur le même objet
      for (int i=0;i<5;i++) {
         (new Thread(this)).start();
      }
   }

   /** Chaque thread affiche 500 fois un message. Un unique compteur est
    * partagé pour tous les threads.
    * Il y a cinq threads. Le dernier affichage devrai donc être "Valeur du
    * compteur == 2499".
    */
   public void run() {
      try {
         for(int i=0;i<500;i++) {
            System.out.println(
               "Valeur du compteur == " + counter++
            );
            Thread.sleep(30);
         }
```

```java
    } catch (InterruptedException exception) {
        exception.printStackTrace();
    }
}

/** Le main créer un unique objet  sur lequel vont se
 * baser cinq threads. Il vont donc tous les cinq se
 * partager le même attribut.
 */
static public void main(String argv[]) {
    SecondThread p1 = new SecondThread(0);
}
}
```

Annexe C

Mesure de temps sous Windows

- CpuMonitorWindows.java

```java
/**
 * Cette classe est un outil pour mesurer sous Windows l'utilisation du CPU
 * par le processus courant depuis sa création.
 *
 */

public class CpuMonitorWindows
{
    /**
     * nombre d'intervalles de 100 nanosecondes passées à s'exécuter en
mode utilisateur
     */
    private native static long getUserTimeNano();

    /**
     * nombre d'intervalles de 100 nanosecondes passées à s'exécuter en
mode privilégié (noyau)
     */
    private native static long getKernelTimeNano();

    /**
     * nombre de secondes passées à s'exécuter en mode utilisateur
     * @return nombre de secondes passées à s'exécuter en mode
utilisateur
     */
    public static float getUserTime()
    {
            return (float)getUserTimeNano()/10000000;
    }

    /**
     * nombre de secondes passées à s'exécuter en mode privilégié (noyau)
     * @return nombre de secondes passées à s'exécuter en mode privilégié
     */
    public static float getKernelTime()
    {
```

```java
            return (float)getKernelTimeNano()/10000000;
    }

    /**
     * nombre de secondes passées à s'exécuter
     * @return nombre de secondes passées à s'exécuter
     */
    public static float getTime()
    {
            return getUserTime()+getKernelTime();
    }

    static
    {
       System.loadLibrary("cputimewindows");
    }
}
```

- CpuTimeImpWindows.c

```c
#include <jni.h>
#include "CpuTimeWindows.h"
#include <windows.h>

JNIEXPORT jlong JNICALL
Java_CpuMonitorWindows_getUserTimeNano(JNIEnv *env, jclass classe)
{
  ULARGE_INTEGER _time;
  // FILETIME structure: 64-bit value representing the number of 100-
nanosecond intervals since January 1, 1601 (UTC).
  FILETIME creationTime, exitTime, kernelTime, userTime;
  GetProcessTimes(GetCurrentProcess(), &creationTime, &exitTime,
&kernelTime, &userTime);
  _time.LowPart = userTime.dwLowDateTime;
  _time.HighPart = userTime.dwHighDateTime;

  return (jlong) (_time.QuadPart);
}
```

```
JNIEXPORT jlong JNICALL
Java_CpuMonitorWindows_getKernelTimeNano(JNIEnv *env, jclass
classe)
{
  ULARGE_INTEGER _time;
  FILETIME creationTime, exitTime, kernelTime, userTime;
  GetProcessTimes(GetCurrentProcess(), &creationTime, &exitTime,
&kernelTime, &userTime);
  _time.LowPart = kernelTime.dwLowDateTime;
  _time.HighPart = kernelTime.dwHighDateTime;

  return (jlong) (_time.QuadPart);
}
```

ProduitMatricesCarrees.java : exemple de programme instrumenté.

```
class ProduitMatricesCarrees
{
    public static void main(String[] arg)
    {


        // instrumentation Avant
        float cpuUserAvant = CpuMonitorWindows.getUserTime();
        float cpuKernelAvant = CpuMonitorWindows.getKernelTime();
        long wctAvant = System.currentTimeMillis();
        // fin instrumentation Avant


        Matrice m1 = new Matrice(Integer.parseInt(arg[0]));
        Matrice m2 = m1;
        //System.out.println(m1);
        // la partie de code à mesurer
        Matrice prod = m1.produit(m2);
        // fin de la partie de code à mesurer
        //System.out.println(prod);


        // instrumentation Après
        float cpuUserApres = CpuMonitorWindows.getUserTime();
        float cpuKernelApres = CpuMonitorWindows.getKernelTime();
        long wctApres = System.currentTimeMillis();
        // fin de l'instrumentation Après
```

```java
        // affichage des résultats de l'instrumentation
        float cpuUser = cpuUserApres - cpuUserAvant;
        float cpuKernel = cpuKernelApres - cpuKernelAvant;
        float wct = wctApres - wctAvant;
        wct = wct/1000; // passage de wct de millisec en secondes

        System.out.println("cpu time in user space   : "
                        + cpuUser + " sec");
        System.out.println("cpu time in kernel space : "
                        + cpuKernel + " sec");
        System.out.println("total cpu time          : "
                        + (cpuUser+cpuKernel) + " sec");
        System.out.println("wall clock time         : "
                        + wct + " sec");
        // precision de wct : millisecondes
        // precision de cpu : intervalles de 10 nanosecondes
        // on ne garde que les 3 premières décimales des secondes pour la
        // différence
        float diff = wct - (cpuUser+cpuKernel);

        System.out.println("wall clock - cpu       = "
                        + diff + " sec = "
                        + (100 * diff / wct) + " %");
    }
}

class Matrice
{
    private int cote;
    private double[][] tab;

    Matrice(int cote)
    {
        this.cote = cote;
        tab = new double[cote][cote];
        for (int i=0; i<cote; i++)
            for (int j=0; j<cote; j++)
                tab[i][j] = i*cote+j;
    }
```

```java
Matrice(double[][] tab)
{
    this.tab = tab;
    this.cote = tab.length;
}

double getTerme(int i, int j)
{
    return tab[i][j];
}

public String toString()
{
    String description = new String();
    for (int i=0; i<cote; i++)
        {
            for (int j=0; j<cote; j++)
                description = description + " " + tab[i][j];
            description = description + "\n";
        }
    return description;
}

Matrice produit(Matrice m2)
{
    int taille = this.cote;
    double[][] resultat = new double[taille][taille];
    for (int i=0; i<cote; i++)
        for (int j=0; j<cote; j++)
            {
                resultat[i][j] = 0;
                for (int k=0; k<cote; k++)
                    resultat[i][j] += this.tab[i][k] * m2.tab[k][j];
            }
    return (new Matrice(resultat));
}
}
```

javac CpuMonitorWindows.java
javah -jni -o CpuTimeWindows.h CpuMonitorWindows
"D:\Program Files\Microsoft Platform SDK\Bin\win64\cl" -I"C:\Program
Files\Java\jdk1.6.0\include" -I"C:\Program

```
Files\Java\jdk1.6.0\include\win32" -LD CpuTimeImpWindows.c -
Fecputimewindows.dll
javac ProduitMatricesCarrees.java
java ProduitMatricesCarrees 10000 2000
pause
```

Annexe D

Mesure de temps sous Linux

CpuMonitorLinux.java

```
/**
 * Cette classe est un outil pour mesurer sous Linux l'utilisation du CPU
 * par le processus courant depuis sa création.
 *
 */

public class CpuMonitorLinux
{
    /**
     * partie entière du nombre de secondes passées à s'exécuter en mode
     * utilisateur (voir getUserTimePartieDecimale pour la partie décimale)
     * @return partie entière du nombre de secondes passées à s'exécuter
en
     * mode utilisateur
     */
    public native static long getUserTimePartieEntiere();

    /**
     * nombre de microsecondes passées à s'exécuter en mode utilisateur
     * @return nombre de microsecondes passées à s'exécuter en mode
     *   utilisateur
     */
    public native static long getUserTimePartieDecimale();

    /**
     * partie entière du nombre de secondes passées à s'exécuter en mode
     * privilégié ("kernel mode") (voir getKernelTimePartieDecimale pour la
partie décimale)
     * @return partie entière du nombre de secondes passées à s'exécuter
en mode privilégié
     */
    public native static long getKernelTimePartieEntiere();

    /**
     * nombre de microsecondes passées à s'exécuter en mode privilégié
```

```
 * @return nombre de microsecondes passées  à s'exécuter en mode
privilégié
    */
   public native static long getKernelTimePartieDecimale();

   /**
    * temps passé à  s'exécuter en mode utilisateur (en secondes)
    * @return nombre de secondes passées Ã  s'exécuter en mode
utilisateur
    */
   public static float getUserTime()
   {
       return (getUserTimePartieEntiere()
+((float)(getUserTimePartieDecimale())))/1000000);
   }

   /**
    * temps passé à  s'exécuter en mode privilégié (en secondes)
    * @return nombre de secondes passées à  s'exécuter en mode noyau
    */
   public static float getKernelTime()
   {
       return
getKernelTimePartieEntiere()+((float)getKernelTimePartieDecimale())/1000
000;
   }

   /**
    * temps d'exécution (en secondes)
    * @return nombre de secondes d'utilisation du processeur
    */
   public static float getTime()
   {
       return getUserTime()+getKernelTime();
   }

   static
   {
      System.loadLibrary("cputimelinux");
   }
}
```
CpuTimeImpLinux.c

Voici maintenant un exemple montrant comment les utiliser :
Exemple de code instrumenté (Test.java) :

```java
class Test {

public static void main(String[] arg) {
        int compteur=0;
System.out.println("un bout de code avant la portion a mesurer");
        // code d'instrumentation : "heure" avant la portion a mesurer
        System.gc();
        float cpuAvant = CpuMonitorLinux.getTime();
        long wctAvant = System.currentTimeMillis();
        // fin de code d'instrumentation
        // portion de code a mesurer
        for (int i=0; i<Integer.MAX_VALUE; i++) {
                if (i%1234 == 0) compteur++;
        }
        try {
                Thread.sleep(20000);
        } catch (Exception e) { }
        // fin de la portion de code a mesurer
        // code d'instrumentation : "heure" apres la portion a mesurer
        float cpuApres = CpuMonitorLinux.getTime();
        long wctApres = System.currentTimeMillis();
        // fin de code d'instrumentation
        System.out.println("un bout de code apres la portion a mesurer");
        // affichage des resultats de la mesure
        float cpu = cpuApres - cpuAvant;
        // precision de cpu : microsecondes
        System.out.print("cpu time (sec)\t: ");
        System.out.println(cpu);
        float wct = wctApres - wctAvant; wct = wct/1000;
        // passage de wct de millisec en secondes
        // precision de wct : millisecondes
        System.out.print("wall-clock time (sec)\t: ");
        System.out.println(wct);
        }

}
```

Compiler: avec un JDK 1.5.0 update 10 :
/usr/java/jdk1.5.0_10/bin/javac CpuMonitorLinux.java
/usr/java/jdk1.5.0_10/bin/javah -jni -o CpuTimeLinux.h CpuMonitorLinux

```
cc -I/usr/java/jdk1.5.0_10/include/ -I/usr/java/jdk1.5.0_10/include/linux/ -
shared -o libcputimelinux.so CpuTimeImpLinux.c
/usr/java/jdk1.5.0_10/bin/javac *.java
```

Créer des exécutables :
```
gcj -O3 -C CpuMonitorLinux.java
gcjh -jni -o CpuTimeLinux.h CpuMonitorLinux
gcc -O3 -c CpuTimeImpLinux.c
gcc -O3 -shared -o libcputimelinux.so CpuTimeImpLinux.o
gcj -O3 -C Matrix.java
gcj -O3 -C Test.java
gcj -O3 -fjni -o Test Test.class CpuMonitorLinux.class Matrix.class --
main=Test
export LD_LIBRARY_PATH=. (ou setenv)
./Test 128
```

www.ingramcontent.com/pod-product-compliance
Lightning Source LLC
LaVergne TN
LVHW042342060326
832902LV00006B/325